L'art de
la sûreté

D1720021

© Éditions Haxx, 2019
33 rue de la République 69002 Lyon
Éditions Haxx est une marque de la société HAXXOM

ISBN 978-2-9569653-0-5

L'art de la sûreté

15 PRÉCEPTES-CLÉS

Jean-Jacques RICHARD

Je dédie ce livre...

à ma tendre épouse Stéphanie et à mes merveilleux enfants Corentin, Lise et Gabriel,

à feu mon frère Christophe qui m'accompagne tous les jours depuis maintenant 31 ans,

à ma sœur Amandine et mon frère Stéphane,

et enfin à toutes les personnes qui consacrent leur vie à protéger les autres.

Avant-propos

Ce livre est tout sauf un livre technique.

Ce livre ne vise nullement à donner des conseils d'ordre méthodologique, mais uniquement à expliquer ce que devrait être la sûreté.

Ce livre a pour objectif de faire découvrir à tous ceux qui s'intéressent à cette thématique que la sûreté est un sujet complexe qui demande une véritable profondeur dans chacune des actions qui sont conduites.

Ce livre est le fruit d'une expérience de plus de 30 ans d'activité empreinte de succès, d'erreurs de jugement, de doutes et de remises en question permanentes. Il peut se lire d'un seul trait, chapitre par chapitre, mais aussi au gré de vos besoins.

Je vous souhaite une bonne lecture et espère très sincèrement que cet ouvrage vous permettra de comprendre que la sûreté est un véritable puzzle dont toutes les pièces doivent être assemblées pour que vous puissiez atteindre vos objectifs.

Jean-Jacques RICHARD

Som-
maire

À propos de l'auteur 11
Introduction 15

1 | De la nécessité de ne pas tomber dans le piège de l'illusion 23

Illusion et illusionnistes 24
Regarder la réalité en face 25
L'illusion : une voie directe vers la catastrophe 26
Illusion quand tu nous tiens 27
L'illusion de la maîtrise du risque 27

2 | De la nécessité d'identifier les risques et menaces 31

Des faits, mais pas seulement 32
Une équation bien difficile 33
L'illusion du temps qui passe 35
Le risque zéro n'existe vraiment pas 36
À vos calculettes 36
La ronde des risques 37
Et si… 39
Des risques directs aux risques indirects 40
Illusion et déni, même combat 42

3 | De la nécessité de connaître ses obligations 45

Une jurisprudence constante 46
Des obligations « gravées » dans le marbre 47

4 | De la nécessité de faire de la prospective 51

Prévision versus prospective 52
Imagination et prévention 53
De la science-fiction à la réalité 53
Se poser les bonnes questions 54

5 | De la nécessité de faire face aux nouvelles menaces technologiques 59

Une intelligence pas si artificielle que cela 60
Des défis colossaux 61

La face cachée du web 61
De la 3D aux apprentis sorciers 62
Nous n'avons encore rien vu 63
Et la réalité submergea la science-fiction 65

6 | De la nécessité de connaître ses agresseurs potentiels 67

Des choix souvent rationnels 68
Typologie des acteurs malveillants 69
Identification, préparation, action, exfiltration 70
Des stratégies de prévention et de protection adaptées 71

7 | De la nécessité de connaître ses forces et ses faiblesses 75

Une question d'équilibre 76
Un outil de mesure : l'audit de sûreté 77
Un regard extérieur 77
Un exercice délicat 78

8 | De la nécessité de combiner prévention et protection 81

La prévention situationnelle 82
Les coûts de la prévention 85
L'orchestration d'une chaîne de protection 86
Trouver l'équilibre 87

9 | De la nécessité de protéger ses informations 91

L'information : le nerf de la guerre 92
L'espionnage industriel 93
Comment protéger vos informations ? 94
Trois niveaux de sensibilité 96

10 | De la nécessité de bâtir une stratégie de sûreté 99

Vision, charte et politique sûreté 100
Les capacités stratégiques 101
Dissuasion, facilitation et coût 102
Compréhension et adhésion 102

11 | De la nécessité de renforcer le sentiment de sécurité — 105

Un besoin primaire — 106
La multiplication des signaux — 107
Une attente très forte — 107

12 | De la nécessité de se préparer à gérer une crise — 111

L'imprévisible crise — 112
L'improvisation n'a pas sa place — 113
La gestion de crise : un exercice périlleux — 114
Se préparer avec méthode — 114
S'exercer avec constance — 115

13 | De la nécessité de faire naître une culture de la sûreté — 119

Ensemble — 120
De la pédagogie, encore et encore — 120
L'inconstance du risque — 121
Une même grille de lecture — 121

14 | De la nécessité de ne pas être dans l'émotion — 125

Rationalité et pragmatisme — 126
Ne pas reproduire les mêmes erreurs — 128
Ne pas tomber dans la surenchère — 129

15 | De la nécessité de faire des choix — 131

Écarter toute passion — 132
Trouver le chef d'orchestre — 132
Un rattachement stratégique — 133
Définir les priorités — 133
Sûreté en entreprise ou étatique, même combat — 134

Conclusion — 137
Remerciements — 141

À propos de l'auteur

Jean-Jacques RICHARD

PREMIERS PAS PROFESSIONNELS

Jean-Jacques RICHARD effectue ses premiers pas professionnels à la fin des années 80 en tant que directeur commercial d'une société de gardiennage, puis dans le Paris branché des discothèques (Central, Palace) et à Courchevel (Les Caves du Roy) où il officie en tant que directeur d'exploitation et responsable de la sécurité du groupe European Leisure.

CONSEIL EN SÛRETÉ

Ses premières armes en sûreté globale et intelligence économique, Jean-Jacques RICHARD les accomplit quelques années plus tard dans la sphère d'un grand cabinet parisien, celui d'Alain BAUER (AB Associates), avec lequel il collabore pendant 4 ans.

Durant cette période, Jean-Jacques RICHARD mène aussi pour le compte de sa propre société (Richard Consulting) des missions auprès du conseil européen à Bruxelles et pour de très grands groupes français.

ELF AQUITAINE

En 1997, Jean-Jacques RICHARD est recruté par Philippe JAFFRÉ – alors président d'Elf Aquitaine – en pleine tempête « Elf ». Ce dernier propose à Jean-Jacques RICHARD de gérer la sûreté de la présidence du groupe. Aux côtés de l'un des plus grands patrons de France, et probablement l'un des plus exposés à l'époque, Jean-Jacques

RICHARD intervient alors, tour à tour, sur le front de la protection des informations du groupe Elf, la protection rapprochée de Philippe JAFFRÉ (encadrant une équipe de 12 officiers de sécurité) et la gestion de dossiers dits « sensibles ».

De la Défense à Congo-Brazzaville, en passant par l'Angola, le Nigeria, l'Arabie saoudite, la Norvège, etc., Jean-Jacques RICHARD se nourrit d'expériences sur les plans géostratégiques, politiques et économiques. Cette pratique opérationnelle renforce son leadership, mais aussi ses capacités d'évaluation des risques et des menaces auxquels une grande entreprise et ceux qui la dirigent peuvent être confrontés.

RC ASSOCIATES

Au terme de la fusion Total/Elf, Jean-Jacques Richard retrouve une certaine indépendance d'action et propose son expertise « terrain » à de grandes entreprises du CAC 40, ETI et PME. Pour leur compte, il déploie alors de multiples stratégies en matière de lutte contre la concurrence déloyale, atteinte à l'image de marque, protection de l'information, lobbying, veille, etc.

TNT EXPRESS FRANCE – DIRECTEUR DE LA SÛRETÉ ET DE L'INTELLIGENCE ÉCONOMIQUE

En 2003, Jean-Jacques RICHARD intègre le groupe TNT Express France au sein de son comité de direction, en tant que directeur de la sûreté et de l'intelligence économique. Outre les missions classiques de protection et de sécurisation liées à sa fonction, Jean-Jacques RICHARD donne très vite une impulsion « business » à sa mission, le but étant de démarquer TNT Express sur un marché ultraconcurrentiel en se servant du levier « sûreté ».

Parmi ses réalisations, Jean-Jacques RICHARD, avec le concours d'une équipe de 54 personnes, refond intégralement la stratégie et le dispositif de sûreté générale et aérienne du groupe. Il crée un centre de contrôle opérationnel 24h/24 et 7j/7 supervisant les 1 000 caméras déployées sur les 120 sites du TNT Express France.

La stratégie mise en œuvre permet à TNT Express France de diviser par plus de 6 le ratio des vols, mais aussi de gagner la confiance de clients prestigieux distribuant des produits à très forte valeur ajoutée.

TNT EXPRESS FRANCE – DIRECTEUR DES AFFAIRES GÉNÉRALES

En 2011, Jean-Jacques RICHARD est nommé directeur des affaires générales du groupe TNT Express France.

Sa vision transversale du monde de l'entreprise s'affine au fil des changements structurels et opérationnels qu'il mène à la tête de sept directions (Achats, Audit et contrôle interne, Qualité, Maintenance, Services généraux, Sûreté et Intelligence économique, Immobilier – 400 collaborateurs).

Plusieurs récompenses professionnelles viendront d'ailleurs saluer ses choix stratégiques en termes d'innovation et d'achat : Trophée achats en 2011 (CDAF) et Prix 2012 (Décision achats 3e place).

HAXXOM

En 2014, Jean-Jacques RICHARD a la conviction que le monde connaîtra, dans les mois et les années à venir, de grands bouleversements sur le plan de la sûreté globale et de la défense. Il décide alors de créer HAXXOM, société de conseil en stratégie de sûreté et intelligence économique.

" LE COMMENT EST
IMPORTANT,
LE POURQUOI EST
STRATÉGIQUE "

Jean-Jacques RICHARD

Introduction

Le titre de ce livre pourrait paraître présomptueux, voire extravagant, car beaucoup voient encore la sûreté comme le fait de déployer quelques caméras, des systèmes d'alarme ou des agents de sécurité. Certains verront aussi dans la sûreté « l'art » de faire peser sur des opérationnels des contraintes qui ne « servent à rien ».

Le but de toute entreprise, privée ou publique, est de produire afin de générer un chiffre d'affaires et un résultat qui soient les plus performants possible. Une majeure partie des ressources est donc concentrée sur ces objectifs.

LES SERVICES INCONTOURNABLES ET LES AUTRES

Pour atteindre ses objectifs, l'entreprise prend également appui sur des services incontournables à son bon fonctionnement : les services financiers, commerciaux ou marketing, les services informatiques, juridiques ou les ressources humaines et bien entendu les services opérationnels, à savoir ceux qui contribuent directement à la production ou autrement dit « le cœur business ».

Tous ces services ont la charge, la mission ultime de contribuer à faire grandir l'entreprise. Par leur nature, il est alors possible d'avancer que ces services constituent autant de composantes stratégiques sans lesquelles l'entreprise ne pourrait pas atteindre de manière pérenne ses objectifs.

Par ailleurs, il existe d'autres services communément appelés « services supports », représentés entre autres par les services généraux, l'audit et le contrôle interne, etc. L'on y trouve également toutes les activités imposées par le législateur : la sécurité au travail, la gestion des risques psychosociaux, la sécurité incendie, l'hygiène, etc.

Concernant les services imposés par le législateur, s'il ne fait aucun doute que toutes les entreprises ont conscience de leurs enjeux, la plupart d'entre elles cherchent toutefois à minimiser les budgets qui leur sont alloués afin de ne pas impacter leur résultat ; ces domaines constituant autant de charges pour l'entreprise.

Vient ensuite un service qui a vu le jour depuis plusieurs années : la RSE ou Responsabilité Sociétale (ou Sociale) de l'Entreprise. La Commission européenne a défini la RSE en 2011 comme étant « la responsabilité des entreprises vis-à-vis des effets qu'elles exercent sur la société ».

Selon le ministère de la Transition écologique et solidaire, la Responsabilité Sociétale (ou Sociale) des Entreprises est un « concept dans lequel les entreprises intègrent les préoccupations sociales, environnementales et économiques dans leurs activités et dans leurs interactions avec leurs parties prenantes sur une base volontaire ».

En adoptant des pratiques plus éthiques et durables dans leur mode de fonctionnement, les entreprises doivent ainsi pouvoir contribuer à l'amélioration de la société et à la protection de l'environnement. Énoncé plus clairement, c'est « la contribution des entreprises aux enjeux du développement durable ».

Si la RSE est fondée sur une démarche « volontaire », toutes les sociétés désireuses de soigner leur image ne peuvent échapper à une telle démarche. À signaler que de nombreux donneurs d'ordre intègrent aujourd'hui cette démarche dans leur politique d'achat.

Pour résumer, il y a, au cœur de l'entreprise, des services stratégiques, des services supports et/ou obligatoires et un service, la RSE, dont l'existence est vivement conseillée, mais facultative.

ET LA SÛRETÉ DANS TOUT CELA ?

Vient enfin, pour les sociétés les plus importantes ou dont le cœur business peut attiser les convoitises de malfrats petits et grands, le service sûreté qui ne doit pas être confondu avec le service sécurité.

En effet, le mot « sécurité » est un terme générique derrière lequel se cache une multitude de formes : la sécurité routière, la sécurité environnementale, la sécurité économique, la sécurité nucléaire, la sécurité alimentaire...

La sûreté vise, quant à elle, à protéger les personnes et les biens contre toutes les formes d'actions malveillantes.
Pour définir la sûreté, les Anglo-Saxons utilisent le terme *security* et pour définir la sécurité celui de *safety*.

Pour complexifier un peu les choses, l'on parle de sûreté de fonctionnement là où, sur un plan sémantique, l'on devrait parler de sécurité de fonctionnement, idem pour la sûreté nucléaire là où l'on devrait parler de sécurité nucléaire.

Dans cet ouvrage, il ne sera question que de sûreté.

UN SERVICE SÛRETÉ, POUR QUOI FAIRE ?

L'existence d'un service sûreté dans une entreprise peut avoir deux principales justifications.

Premier cas de figure
Cette présence est rendue quasiment obligatoire du fait du cœur business de l'entreprise. En effet, les sociétés qui doivent stocker, produire, transporter ou vendre des matières premières ou des produits finis à forte valeur ajoutée ne peuvent, dans un contexte sécuritaire incertain, s'affranchir d'intégrer dans leurs phases opérationnelles une démarche sûreté.

Un service sûreté peut également se justifier du fait des activités mêmes de l'entreprise qui l'amènent à évoluer dans des zones dites sensibles, en France ou à l'étranger.

Dans une telle configuration, un service sûreté constitue alors une composante stratégique pour l'entreprise, ses personnels et ses activités.

Second cas de figure

Une entreprise peut avoir un service sûreté, non pas tant parce que ses activités sont qualifiées de sensibles au sens strict du terme, mais pour être en mesure de faire face à son obligation de résultat en matière de sécurité et sûreté. Un tel service constitue une sorte d'assurance qui devrait permettre aux dirigeants de se « dédouaner » en cas de problème majeur.

La plupart du temps, la personne qui endosse cette fonction est nommée responsable/directeur de la sécurité et sûreté, étant entendu que nous pouvons raisonnablement imaginer que celle-ci a une réelle expertise en sûreté et/ou sécurité.

LA SÛRETÉ : MAL NÉCESSAIRE OU COMPOSANTE STRATÉGIQUE ?

Dans la pratique, la sûreté devrait constituer une des composantes stratégiques de toute entreprise, et ce quelle que soit sa taille. Hélas, nous sommes très loin d'une telle prise de conscience.

Nombre d'individus associent la stratégie à la finance, au marketing, au développement des ventes et plus généralement à l'entreprise dans son ensemble, mais trop peu font le lien avec la sûreté.

Dans bien des cas, la sûreté est considérée comme une simple direction support avec une portée stratégique limitée. Parfois, elle peut même être perçue comme un « mal nécessaire ».

En effet, le tout premier objectif de la sûreté est l'identification et l'anticipation des risques et des menaces qui pèsent sur l'entreprise. Seul problème : l'anticipation n'est pas génératrice de valeurs, mais uniquement génératrice, pour beaucoup, de charges et d'investissements supplémentaires.

Si nous prenons un raccourci, un service/direction qui coûte et qui ne contribue pas directement à la croissance de l'entreprise n'est tout simplement pas stratégique.

De plus, contrairement à la sécurité, la sûreté ne revêt généralement pas de caractère réglementaire, à l'exception de certaines activités soumises à une habilitation ou des contraintes spécifiques comme les sites SEVESO, les opérateurs d'importance vitale (O.I.V.), etc.

En fonction de la nature de l'activité de l'entreprise, les compagnies d'assurance peuvent venir distiller quelques préconisations et imposer dans certains cas des équipements ou procédures. Toutefois, la mise en œuvre de procédures sûreté, le déploiement de matériels ou la mise en place d'un gardiennage sont laissés la plupart du temps à la libre appréciation de l'entreprise.

Mais aujourd'hui, une entreprise, quelle que soit sa taille, peut-elle raisonnablement se permettre de ne pas protéger ses informations, de ne pas garantir a minima le contrôle d'accès à ses locaux, de ne pas vérifier la moralité de ses futurs partenaires, de ne pas s'assurer que les biens matériels de l'entreprise ne sont pas détournés à des fins personnelles, de ne pas préparer et accompagner ses collaborateurs opérant à l'étranger, de ne pas envisager les pires situations afin d'être capable d'y faire face avec rapidité et méthodologie ?

Alors non, la sûreté n'est pas directement génératrice de valeurs financières pour l'entreprise, mais elle permet dans bien des cas d'éviter de terribles déconvenues mettant en péril ses activités stratégiques et, de fait, sa pérennité.

La sûreté est devenue au fil du temps une composante stratégique et doit être perçue par tous comme un rempart situé entre l'entreprise et un monde bien plus obscur et malveillant. Mais la sûreté doit aussi être vue comme un des facteurs clefs de succès permettant à l'entreprise de se développer en toute sérénité.

LA SÛRETÉ, UN ART À PART ENTIÈRE

Considérant que la sûreté est une composante stratégique, il est de la plus haute importance que cette démarche soit construite avec méthode afin d'être efficace, comprise et intégrée par tous les collaborateurs, sans aucune exception.

L'art de la sûreté en entreprise consiste à assembler une multitude d'actions (tactiques) afin que la stratégie qui aura été définie puisse voir le jour. Pour arriver à un tel résultat, il est primordial de maîtriser différentes approches allant de la nécessité de regarder les choses en face à la nécessité d'analyser les risques et les menaces ou bien encore à la nécessité de savoir convaincre ses interlocuteurs.

Cet ouvrage n'a pas pour objet de prodiguer des conseils techniques, mais vise à permettre au plus grand nombre – dirigeants, étudiants, professionnels de la sûreté et de la sécurité – d'appréhender de la meilleure façon qui soit un domaine stratégique qui contribue inéluctablement au développement et à la pérennité de toute entreprise.

Toutes les formes d'art se matérialisent par un ensemble de connaissances et de règles d'action et par le déploiement de moyens et de techniques. La sûreté n'échappe pas à cette approche. Néanmoins, beaucoup trop de dirigeants, loin de visualiser cette thématique comme un art, la considèrent comme un mal nécessaire impactant le résultat de l'entreprise.

LA SÛRETÉ, C'EST AUSSI L'ART DE SAVOIR CONVAINCRE

Pour atteindre ses objectifs en sûreté, il est primordial d'avoir une connaissance éminemment étendue de ce sujet, d'une part en définissant les actions incontournables devant être mises en œuvre et, d'autre part, en ayant les bons mots pour convaincre toutes les parties prenantes.

La sûreté est un art, mais aussi un travail de communication pour lequel il est essentiel de disposer de tous les outils afin de convaincre du bien-fondé de la démarche, sans pour autant tenir un discours anxiogène ou empreint de paranoïa.

Ainsi, les discours abordant des thématiques de sûreté se doivent d'être rationnels et fondés uniquement sur des faits. Il est primordial que vos interlocuteurs soient placés dans une position où ils pourront analyser la situation avec la plus grande objectivité et se forger leur propre opinion, sans toutefois être bercés par de douces illusions.

Bien trop souvent, le risque majeur n'est pas le terrorisme, les agressions physiques et/ou verbales ou encore le vol d'informations confidentielles. Celui-ci est bien plus pernicieux qu'il n'y paraît puisqu'il s'agit de l'illusion.

" LA VIE EST UNE ROSE
DONT CHAQUE PÉTALE EST
UNE ILLUSION ET CHAQUE ÉPINE
UNE RÉALITÉ "

Alfred DE MUSSET

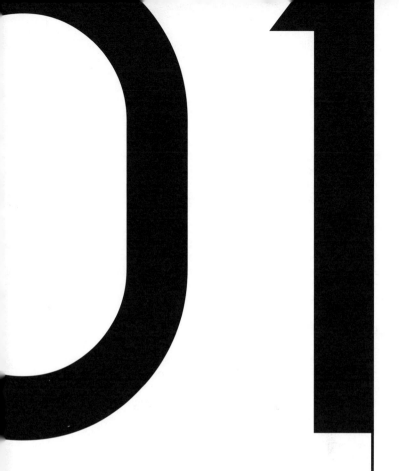

De la nécessité de
NE PAS TOMBER DANS LE PIÈGE DE L'ILLUSION

En matière de risque, il en est un dont on ne parle que très peu, alors qu'il est très certainement celui ayant la criticité la plus élevée.

Il ne fait pas partie des risques que nous pourrions considérer comme palpables, à l'image d'une intoxication alimentaire, d'un accident, d'un acte terroriste, d'un vol d'information, etc. À l'inverse, totalement immatériel, il déterminera à lui seul le niveau de gravité des risques identifiés et leurs probabilités d'occurrence.

Ce risque n'est autre que l'illusion.

Le Larousse définit l'illusion comme une appréciation conforme à ce que quelqu'un souhaite croire, mais fausse par rapport à la réalité. Il s'agit d'un effet obtenu par de l'artifice, du truquage, et qui crée le sentiment du réel et du vrai.

ILLUSION ET ILLUSIONNISTES

Si l'on y regarde de plus près, cette illusion se trouve à tous les étages de notre société, de nos entreprises, de nos gouvernements. Elle peut être le fait d'une poignée de femmes et d'hommes ou être collective ; tout dépend de la force de conviction des illusionnistes.

Une crise majeure a toujours pour origine l'illusion : c'est elle qui incitera certains à minimiser les risques identifiés, leur gravité ainsi que leur probabilité d'occurrence.

C'est l'illusion qui a poussé certains hommes politiques à penser que la ligne Maginot en 1940 allait nous protéger de l'invasion allemande. C'est la capacité d'illusionnistes des Américains et des Britanniques qui a permis le débarquement sur les plages de Normandie alors que les Allemands pensaient voir les sauveurs de la France débarquer sur les plages calaisiennes.

C'est la folie de l'homme et les illusions de tant d'autres qui ont permis que les États-Unis d'Amérique soient attaqués sur leur sol le 11 septembre 2001 alors qu'ils ne l'avaient pas été depuis la Seconde Guerre mondiale.

C'est une illusion collective qui a permis à l'État islamique d'endosser le « statut » d'État en quelques années et de faire basculer le monde dans un chaos dont nous ne connaissons pas l'issue, malgré la fin de leur califat.

C'est encore l'illusion qui a poussé nos dirigeants à penser que des bombardements en Syrie et en Irak mettraient fin à des groupuscules terroristes qui, sous le poids des bombes, ne font que basculer dans la clandestinité sans pour autant perdre une once de leur idéologie.

Entretenue de manières bien différentes, l'illusion peut se nourrir d'un manque d'analyse, de crédulité, mais aussi de mensonges plus ou moins savamment orchestrés.

L'illusion a pour objectif de laisser penser à une majorité silencieuse que les arbres grimpent bien jusqu'au ciel ou que nous pourrons toujours remporter des victoires importantes sans que les larmes et le sang ne coulent.

REGARDER LA RÉALITÉ EN FACE

Gérer des risques et des menaces demande de la lucidité et de l'objectivité et aucun filtre ne doit venir déformer la réalité. Plus que jamais, nous nous devons de regarder la réalité bien en face et de nous attaquer aux sources des problèmes. Pour ce faire, il faut être en mesure de comprendre et d'accepter nos erreurs et tout mettre en œuvre pour les corriger.

À titre d'exemple, pour combattre la radicalisation de type djihadiste, il y a deux solutions :

Investir toutes les zones les plus sensibles afin d'y apporter de l'éducation, de la citoyenneté, de l'égalité des chances, de l'amour, mais aussi de la fermeté quand cela est nécessaire.

Ou, comme nous l'avons fait, créer des centres de déradicalisation avec l'illusion que nous pourrons déraciner de jeunes gens dont le cerveau a été lavé par des prédicateurs tout droit issus des ténèbres.

Nos illusions nous poussent à regarder le monde tel que nous voudrions qu'il soit et non tel qu'il est. Elles nous bercent et finissent même par nous hypnotiser.

L'ILLUSION : UNE VOIE DIRECTE VERS LA CATASTROPHE

La criticité d'un risque se mesure en multipliant la gravité potentielle par la probabilité d'occurrence. La juste mesure de la criticité d'un risque dépendra avant tout de notre capacité à apprécier un risque dans sa globalité, avec objectivité et sans se soucier de savoir si nous allons ou non être pris pour un pessimiste, qui n'est, rappelons-le, « qu'un optimiste bien informé ».

Être en mesure d'apprécier la criticité d'un risque, c'est avant toute chose briser ce miroir des illusions.

Nous aimerions tous que notre monde soit parfait et composé uniquement d'êtres humains bienveillants. Les plus grands illusionnistes cherchent justement à nous laisser penser que tout est sous contrôle, qu'il suffit de telle ou telle action pour changer les choses et pour diminuer la criticité d'un risque.

Le problème majeur de l'illusion, c'est qu'elle mène toujours, à plus ou moins brève échéance, à la catastrophe. Et, contrairement à l'illusion, la catastrophe est bien réelle et a toujours plusieurs expressions : humaine, sociale, financière, etc.

L'illusion a entraîné la faillite d'entreprises qui pensaient être invincibles (Kodak, Polaroid, Alcatel, etc.). L'illusion a aussi entraîné la chute de pays comme l'Argentine, la Thaïlande ou bien encore la Grèce pour ne citer que quelques exemples. Ces pays et leurs citoyens pâtiront encore longtemps de ces illusionnistes qui pensent bâtir des forteresses alors que, face à l'érosion du temps, ils ne bâtissent que des châteaux de cartes.

Qu'il s'agisse d'économie, de politique, de sûreté, de sécurité ou de défense, l'illusion est partout. Il est en effet toujours plus facile de se voiler la face que d'affronter une réalité parfois douloureuse et effrayante.

ILLUSION QUAND TU NOUS TIENS

Le temps qui passe est par ailleurs le meilleur allié de l'illusion.

Ce temps qui s'égrène jour après jour, semaine après semaine, mois après mois, année après année, sans aucune anicroche, renforce les illusions de celles et ceux qui en ont fait leur prêche quotidien.

Ce temps qui passe est un ennemi de taille, puisqu'il donne chaque jour un peu plus raison à ceux qui voient dans les spécialistes de la sûreté des personnes qui tiennent des discours anxiogènes et alarmistes. Pour toutes ces personnes plongées dans le déni, le temps qui passe diminue la probabilité d'occurrence d'un risque identifié. C'est aussi le temps qui permet à nos concitoyens de cicatriser des blessures physiques ou psychologiques qui peuvent être profondes.

Hélas, le temps passé ne changera en rien le niveau de criticité d'un risque identifié si les protagonistes à l'origine du risque ne l'ont pas décidé. Les actuaires en assurance ont pour habitude de dire qu'un risque identifié est un risque certain dans le temps. Les seules inconnues étant quand, où et avec quelle intensité.

Voltaire a écrit : « Un jour, tout sera bien, voilà notre espérance. Tout est bien aujourd'hui, voilà l'illusion. »

L'utopie, c'est penser que nous avons découvert le Graal en matière de sûreté qui nous protégera contre toutes sortes d'offensives. Celles et ceux qui ont décidé de nous attaquer et de semer le chaos commettront des erreurs, mais il est une certitude : ils s'adapteront au « terrain » qu'ils seront appelés à rencontrer et remporteront, hélas, encore bien des victoires.

L'ILLUSION DE LA MAÎTRISE DU RISQUE

L'illusion pousse certains à rechercher le risque zéro au travers de moyens techniques, technologiques ou humains, mais cette recherche est vaine. Du jour où il a pris vie, le risque, quelle que soit sa nature, est devenu immortel, tel un être vivant se régénérant sans cesse et capable de renaître de ses cendres. Inéluctablement, toutes les catastrophes sont suivies d'actions visant à réduire, voire annihiler, le risque originel.

Les attaques du 11 septembre 2001 ont été suivies de lois d'exception et de guerres. Ainsi, le 20 septembre 2001, George W. Bush déclarait devant le Congrès : « Notre guerre contre la terreur commence avec Al-Qaïda, mais elle ne se termine pas là. Elle ne se terminera que lorsque chaque groupe terroriste qui peut frapper partout dans le monde aura été repéré, arrêté et vaincu. » Pourtant, le monde en 2019 est-il plus sûr qu'en 2001 ?

Les attentats du 7 janvier 2015 ont quant à eux engendré des rassemblements sans précédent, des lois antiterroristes et l'annonce de la mise en œuvre de moyens supplémentaires, créant ainsi l'illusion que celles et ceux en charge de veiller à notre destinée maîtrisaient une situation inédite en France par son modus operandi et sa violence.

En matière de sûreté et de sécurité, le véritable problème est l'homme lui-même, car, sans limites, il est capable d'imaginer toutes sortes de scénarios afin de contourner les mesures mises en place.

Pensez que tout risque d'accident est écarté et l'homme finira par trouver un moyen de contourner les règles de sécurité jugées trop contraignantes. Contrôlez les flux bancaires et il fera transiter l'argent de pays en pays et de main en main jusqu'à ses destinataires. Surveillez les emails et il utilisera des messages codés sur papier qui transiteront eux aussi de main en main. Mettez sur écoute les communications téléphoniques et il utilisera des téléphones prépayés qu'il saura être totalement intraçables.

L'être malveillant surprend toujours parce qu'il réussit à emprunter des chemins très éloignés des codes moraux de leurs victimes.

Atténuer la criticité d'un risque, c'est être capable de trouver un juste équilibre entre la gravité du risque redouté et sa probabilité d'occurrence. Pensez avoir maîtrisé un risque et vous verrez un jour ou l'autre s'en matérialiser un nouveau encore bien plus effrayant.

" VOUS AVEZ PEUR
DE VIVRE PARCE QUE VIVRE
C'EST PRENDRE LE RISQUE
DE SOUFFRIR "

Arnaud DESJARDINS

De la nécessité d'
IDENTIFIER LES RISQUES ET LES MENACES

Une sûreté bien orchestrée commence toujours par une **analyse des risques et des menaces**. Cette analyse permet non seulement d'identifier les acteurs malveillants qui pourraient chercher à atteindre l'entreprise ou l'institution, mais également de discerner leurs modus operandi et l'intensité qu'ils pourraient mettre dans leurs actions.

La criticité d'un risque est la résultante d'une multiplication entre la gravité et la probabilité d'occurrence du risque identifié.

Si la gravité peut être appréciée collégialement en fonction de l'intensité (peu grave, grave, très grave, fatale/catastrophique), la probabilité d'occurrence repose pour sa part à la fois sur des paramètres objectifs et d'autres, plus subjectifs (peu probable, probable, très probable, certain).

Les paramètres objectifs sont ceux qu'analysent les assureurs à force de dissection des risques identifiés et de leurs composantes.

Autre élément primordial en matière d'analyse de risques : la période de temps sur laquelle porte l'analyse. Un assureur sera capable de dire qu'un conducteur de moins de 30 ans, célibataire et propriétaire d'une voiture de marque Renault de couleur rouge a plus de risques d'avoir un accident dans la première année qui suit l'acquisition de ce véhicule qu'un homme de 30 ans, propriétaire lui aussi d'un véhicule de marque Renault mais de couleur blanche, marié et père de deux enfants.

DES FAITS, MAIS PAS SEULEMENT

Une analyse des risques objective ne peut que reposer sur des données rationnelles et cartésiennes.

Dans la même veine, un assureur saura dire qu'une boutique vendant des vêtements d'une marque à la mode a X fois plus de risques de se faire cambrioler qu'un magasin vendant de la petite quincaillerie. Tout naturellement, et en fonction du risque, la prime d'assurance ainsi que les mesures de sûreté mécaniques et électroniques imposées aux deux commerçants ne seront pas les mêmes.

L'exercice devient plus complexe lorsqu'il s'agit d'appréhender des risques et menaces tels que le terrorisme, le vol d'informations, l'altération de l'image de marque ou les poursuites judiciaires suite à la matérialisation de l'un de ces risques.

En l'espèce, l'analyse des risques menée préalablement ne pourra être qu'empirique. En effet, une action terroriste comme celle qui a frappé Paris le 13 novembre 2015 pouvait-elle être anticipée ? Et si oui, à partir de quels critères ?

L'observation des actions terroristes et des modus operandi se déroulant dans des zones géographiques en guerre ou dites sensibles pouvait-elle être annonciatrice de ce que nous allions connaître ? Le fait que la guerre sur le terrain ait été « gagnée » contre l'État islamique met-il pour autant les grandes villes européennes à l'abri d'actions comparables aux attaques terroristes qui ont eu lieu ces dernières années en Europe ?

UNE ÉQUATION BIEN DIFFICILE

De manière certaine, les analyses de risques sur de telles thématiques divergeront de toute façon d'un expert à l'autre, chacun étant à même d'étayer son analyse. Et si elles sont difficiles à établir, il sera encore bien plus ardu de les argumenter auprès des non-initiés.

À de rares exceptions, un directeur général, un ministre ou un chef de gouvernement ne percevra pas de la même façon la probabilité d'occurrence d'une menace terroriste qu'un spécialiste de la sécurité intérieure ou extérieure.

Sur le fond, ces personnes savent pertinemment que tous les risques identifiés sont certains dans le temps. Mais elles ont l'espoir secret que cette échéance sera la plus lointaine possible et qu'avec un peu de chance, elles échapperont à la tourmente ou bien qu'elles ne seront plus en poste pour en assumer les conséquences.

Un risque identifié est bien un risque certain dans le temps. Il est alors incontestable que le palais de l'Élysée ou la Maison-Blanche feront l'objet d'une attaque terroriste. Cette offensive pourra prendre forme au travers d'une multitude de modus operandi : attaque par drones, attaque frontale, attaque menée depuis l'intérieur, cyberattaque... La seule véritable question qui reste en suspens est de savoir quand.

Par définition, ce type d'équation est insoluble, car si nous savons où et de manière assez fine comment, il nous est généralement impossible de savoir quand.

Dans le cas du palais de l'Élysée ou de la Maison-Blanche, les choses sont d'autant plus complexes que le simple fait que l'acte lui-même puisse se matérialiser suffira à mettre en cause les mesures de sûreté déployées afin de protéger leurs occupants.

Identifier des risques et des menaces est un « exercice » qui demande avant toute chose de mettre son ego et ses certitudes de côté, au risque de n'avoir que pour seule justification : « Nous ne l'avons pas vu venir... »

Le 10 septembre 2001, le nombre de hauts responsables américains estimant très probable ou même certaine une attaque terroriste massive entraînant la mort de milliers de personnes et des dizaines de milliards de dégâts devait être proche de zéro. En était-il de même pour certains responsables du renseignement ou du contre-terrorisme américain ? La réponse est non.

Si ce raisonnement est valable pour les attentats du 11 septembre 2001, il l'est également pour les attaques sur le sol français du 7 janvier et du 13 novembre 2015 ou du 14 juillet 2016, sans quoi le gouvernement aurait mis en œuvre en amont les mesures prises en aval. Jamais les frères Kouachi n'auraient dû pouvoir pénétrer avec autant de facilité dans les locaux de *Charlie Hebdo* et se voir opposer un niveau de résistance aussi faible. Jamais un camion de 19 tonnes n'aurait dû pouvoir approcher de la promenade des Anglais le jour de la fête nationale alors que des milliers de personnes étaient présentes pour assister aux réjouissances du 14 juillet.

Jamais François Hollande n'aurait dû le 14 juillet 2016 à midi, lors de la traditionnelle interview, indiquer à ses concitoyens la levée de l'état d'urgence tout en précisant que, face aux menaces qui demeurent, le dispositif français de lutte contre le terrorisme Vigipirate serait maintenu au niveau maximum. En l'espèce, et comme nous l'avons constaté, la traque de ceux qui cherchaient à atteindre notre démocratie était loin d'être terminée.

L'ILLUSION DU TEMPS QUI PASSE

Le temps qui passe altère les analyses des risques et des menaces, car si celles-ci ne sont pas confirmées par une matérialisation du risque redouté, les destinataires de ces analyses oublieront tout simplement ce qu'ils ont lu.

En matière de sûreté, le problème majeur est la possibilité offerte de « passer entre les gouttes » pendant un temps plus ou moins long, tel un trompe-l'œil diabolique nous laissant penser que tout est sous contrôle alors qu'il n'en est rien.

Ce temps qui passe nous permet également d'entrevoir l'avenir et d'imaginer que demain sera meilleur qu'hier et que les mesures prises sont adaptées pour poursuivre notre chemin. Il peut même être considéré par certains comme autant de victoires, ne faisant que confirmer leur stratégie jusqu'au jour où... le temps se fige.

Ce temps qui se fige brutalement rappelle alors aux parties prenantes que pour qu'un risque se matérialise, il n'a besoin finalement que d'une seule chose : de temps. Confronté de la manière la plus brutale qui soit à ce temps qui s'arrête, chacun cherche alors à rattraper le temps perdu. Mais le temps ne se rattrape pas, les morts ne reviendront pas à la vie, les données perdues ne seront pas réencryptées, et ce quels que soient les grands discours et les mesures qui pourront être prises en aval.

Il n'y a pas de bouton « *reset* » permettant de reconfigurer une situation qui vient de se matérialiser. Face à des risques et menaces identifiés, les décideurs n'ont que trois possibilités : agir, ne pas agir ou bien réagir, voire surréagir en cas de catastrophe.

Les acteurs malveillants, qu'ils soient de droit commun ou terroristes, savent pertinemment que leur meilleur allié est ce temps qui passe, puisqu'il leur permet d'observer, de s'organiser et de fomenter des scénarios que beaucoup pensaient inimaginables.

Le temps qui passe peut aussi nous laisser penser que le risque zéro existe, mais il n'en est rien.

LE RISQUE ZÉRO N'EXISTE VRAIMENT PAS

Qu'ils soient technologiques, industriels, sanitaires, malveillants, climatiques, géopolitiques, etc., les risques font partie de notre quotidien. Monter dans un avion, traverser une rue, prendre une décision, c'est prendre un risque. Le simple fait d'être vivant nous fait courir un risque : celui de mourir.

Que tous ceux qui pensent que rester cloîtrés chez eux peut représenter une solution ne se fassent aucune illusion. Les risques seront là aussi bien présents : une fuite de gaz pourra souffler leur logement ou bien leur faire perdre la vie, intoxiqués au monoxyde de carbone. Pour information, les accidents de la vie courante en France représentent la troisième cause de mortalité en France, avec environ 21 000 décès par an, derrière les cancers et les maladies cardiovasculaires.

Être sismologue par exemple comporte un risque : celui d'être condamné, comme cela a été le cas après le tremblement de terre de L'Aquila en Italie. Le motif d'une telle condamnation ? De ne pas avoir été en mesure de prévenir les risques encourus par la population.

À VOS CALCULETTES

Gérer des risques repose sur une équation à plusieurs variables.

La première composante de cette équation est l'**identification** des risques eux-mêmes. Une telle démarche doit prendre en compte tous les risques et pas simplement ceux que nous jugeons probables au moment de l'étude.

À titre d'exemple, un analyste de la CIA basé en Asie avait identifié bien avant les attentats du 11 septembre 2001 le risque d'un attentat terroriste sur le sol américain avec pour vecteur de l'attaque un ou des avions de ligne. Hélas, ce risque n'a pas retenu l'attention des dirigeants de la CIA, car les probabilités d'occurrence qu'une telle action voie le jour sur le sol américain étaient « quasiment nulles ».

Cela nous amène à la deuxième grande composante de l'équation : la **probabilité d'occurrence**. Sans entrer dans l'étude de l'axiomatique de Kolmogorov qui permet de calculer les probabilités, la question que l'on doit se poser en la matière est de savoir si le ou les risques identifiés sont vraisemblables à court, moyen ou long terme.

Pour définir cette vraisemblance, plusieurs facteurs entreront en ligne de compte afin de déterminer un niveau de probabilité, et notamment les motivations supposées des acteurs malveillants, les moyens mis en œuvre pour atténuer les vulnérabilités, la sensibilisation de la population, les paramètres politiques et géopolitiques, etc.

Par conséquent, la probabilité d'occurrence d'un risque identifié sera définie en fonction de critères objectifs et d'autres, plus subjectifs. Il est par exemple évident qu'au lendemain des attentats du 13 novembre 2015, la menace terroriste en France et en Europe pouvait légitimement avoir un niveau de probabilité d'occurrence très fort.

Concernant la **gravité**, il s'agit de déterminer si la matérialisation du risque identifié entraînera des conséquences qui pourraient être catastrophiques, très graves, graves ou peu graves.

Néanmoins, l'exercice se complexifie là aussi. Les attentats du 13 novembre 2015 ayant fait 130 morts et des centaines de blessés dans les rues de la capitale ont-ils été jugés par ceux qui nous gouvernent comme étant catastrophiques, très graves ou graves ? En amont du 13 novembre 2015, l'analyse de risques des services antiterroristes estimait-elle qu'une telle attaque serait catastrophique, très grave ou grave ?

Pour rappel, le niveau de **criticité** est établi en multipliant la probabilité d'occurrence par la gravité.

LA RONDE DES RISQUES

Gérer un risque, c'est avant toute chose chercher en permanence à abaisser la gravité ainsi que la probabilité d'occurrence du risque, étant entendu que cette probabilité ne pourra jamais être de zéro, sans quoi le risque n'existerait simplement pas.

En outre, le risque est aussi une question de perception/sentiment, car si personne n'oserait aujourd'hui monter dans un avion sans avoir été dûment contrôlé, plus de 2 milliards d'individus ont pris en France le TGV depuis son lancement sans jamais être passés sous le moindre portique de détection de masse métallique et sans aucun contrôle des bagages. Et pourtant, le risque d'attentat dans un train est une réalité depuis bien longtemps.

Maîtriser des risques, c'est aussi faire des choix qui pourront, du fait de leur atténuation, engendrer d'autres risques. Le déploiement de portes blindées dans tous les aéronefs transportant du fret ou des passagers suite aux attentats du 11 septembre 2001 a entraîné le 24 mars 2015 le crash du vol 9525 de la Germanwings dans les Alpes du Sud françaises, causant la mort de 144 passagers et des 6 membres de l'équipage.

Les faits sont terribles puisque le copilote, instable psychologiquement, s'enferma seul dans le cockpit empêchant le commandant de bord et les membres de l'équipage de pouvoir le stopper dans son macabre projet. Il ne fait aucun doute que la porte blindée donnant accès au cockpit est l'un des vecteurs de cette catastrophe.

Déjà en vigueur aux États-Unis en 2015, de nombreuses compagnies aériennes appliquèrent par la suite la procédure dite « des quatre yeux », à savoir que si le pilote ou le copilote s'absente du cockpit, il doit être obligatoirement remplacé par un membre de l'équipage. Toutefois, la présence d'un membre de l'équipage dans le cockpit entraîne la matérialisation probable de nouveaux risques. Par exemple, un membre du personnel navigant commercial pourrait prendre le contrôle de l'appareil après avoir neutralisé le pilote.

En matière de sécurité et sûreté, la maîtrise des risques est et restera une science imparfaite. La seule différence entre la sécurité et la sûreté est qu'en matière de sûreté, nous avons à faire face à l'homme qui agit avec toute son intelligence et que celui-ci ne cessera de s'adapter aux mesures qu'il rencontrera.

ET SI...

L'identification des risques et des menaces implique des conséquences directes et indirectes en cas de matérialisation du risque identifié.

Il est une question essentielle à se poser, celle du « Et si... ? ». Et si cette procédure n'était pas respectée ? Et si cette procédure venait à être contournée ? Et si les choses ne se passaient pas comme nous l'avions imaginé ? Et si les mesures correctives pouvaient finalement représenter un risque bien plus impactant que le risque primaire ? Et si ? Et si...

De manière très pragmatique, revenons à l'exemple de Germanwings. Face à cette catastrophe, les autorités ont apporté des réponses : les pilotes devront être évalués sur le plan psychologique de manière très régulière, il devra y avoir en permanence au moins deux membres d'équipage dans la cabine de pilotage, les portes des cockpits seront peut-être changées ou aménagées pour pouvoir être ouvertes en cas d'extrême urgence... Aurons-nous alors la certitude d'avoir endigué une fois pour toutes le risque qu'un pilote jette son avion contre une montagne ou une ville ? Non, puisque, dans leur folie, les auteurs potentiels intégreront ces nouveaux paramètres. Leur préparation sera sans nul doute plus compliquée, demandera davantage de temps et peut-être plus de chance. Mais il ne sera pas impossible de passer à l'acte.

Après les attentats du mois de janvier 2015 ayant frappé *Charlie Hebdo* et l'Hyper Cacher de Vincennes, le président de la République – à l'époque François Hollande – décida de déployer plus de 10 000 militaires sur le territoire français au travers de l'opération Sentinelle afin de protéger les zones les plus sensibles.

Pour une telle démarche, la toute première interrogation est celle de la durée et de l'efficacité d'un tel déploiement.

Que se passerait-il si la France venait à être la cible d'actions terroristes intensives dans des régions de moindre importance ou dans des villes ou des villages, à l'image des attentats qui ont eu lieu à Saint-Quentin-Fallavier ou Saint-Étienne-du-Rouvray ? La France aurait-elle les moyens de recourir à des forces équivalentes à celles déployées aujourd'hui en Île-de-France ou dans d'autres grandes villes ? Les centaines de millions d'euros par an de l'opération Sentinelle sont-ils justifiés ou cette somme pourrait-elle être employée différemment pour des actions qui seraient plus efficaces sur le long terme ? L'opération Sentinelle est-elle une réponse politique à un drame ou une réponse tactique et pérenne ? Avec un tel déploiement de moyens, sommes-nous à l'abri de la menace terroriste en France ? L'histoire a, hélas, répondu à bon nombre de ces interrogations.

La maîtrise des risques et menaces est un art qui ne peut avoir comme ambition que de chercher à réduire une criticité. Mais en aucun cas elle ne pourra l'annihiler complètement.

Gérer des risques et des menaces, c'est accepter que tous les paramètres puissent ne pas être contrôlés et maîtrisés. Il y aura toujours une ou des inconnues.

DES RISQUES DIRECTS AUX RISQUES INDIRECTS

Si l'analyse et la maîtrise des risques directs sont primordiales, il faut être parfaitement conscient que la concrétisation d'un risque direct entraînera obligatoirement la matérialisation de risques indirects.

Ceux-ci sont multiples et bien souvent plus impactants financièrement que les risques directs eux-mêmes. En voici quelques exemples :

- Matérialisation de risques psychosociaux
- Augmentation de l'absentéisme

- Exercice du droit de retrait
- Condamnation civile et pénale des dirigeants
- Atteinte à l'image de marque de l'entreprise
- Perte de clients et de chiffre d'affaires
- Perte d'avantage concurrentiel
- Etc.

Dans bien des cas, face à la matérialisation d'un risque, l'augmentation des effectifs et des moyens est immédiate et des budgets sont débloqués afin de protéger, d'une part, les personnes et les biens, mais aussi, indirectement, les décideurs eux-mêmes, et notamment face à leur obligation de résultat en matière de sécurité, et ce selon une jurisprudence constante (Karachi, Jolo, etc.).

Dans une telle situation, pour beaucoup, la réponse doit en effet être immédiate et visible afin d'être efficace. Malheureusement, une réponse peut être immédiate et visible et en même temps totalement inefficace.

Pour exemple, suite aux attentats du 13 novembre 2015, les demandes de renforcement des effectifs d'agents de sécurité ont littéralement explosé, poussant même certaines sociétés de sécurité à refuser les sollicitations qui leur étaient faites.

La question que nous pouvons très logiquement nous poser est la suivante : le renforcement en termes de gardiennage permet-il, quels que soient les effectifs, de dissuader des terroristes, voire de repousser leurs actions ? La réponse ne peut être que négative, notamment si les agents de sécurité n'ont pas de moyens létaux afin de « fixer » ou repousser une attaque.

En l'espèce, un agent de sécurité rémunéré moins de 10 euros brut par heure et avec une formation de 140 heures ne pourra pas, selon toute vraisemblance, détecter la préparation d'une action malveillante et encore moins avoir les automatismes afin de protéger les visiteurs et salariés s'il n'est pas entraîné et testé de manière très régulière.

ILLUSION ET DÉNI, MÊME COMBAT

Cette illusion est aussi nourrie par une forme d'aveuglement qui prend ses racines dans le déni. Celui-ci est difficile à combattre puisque toutes les personnes baignant dedans sont absorbées par leur propre vision, généralement très éloignée de la réalité.

Pour certains, une attaque terroriste visant une crèche, un collège, un hôpital, un EHPAD, une église, etc. est encore aujourd'hui inimaginable. Et si tant est que vous arriviez à les convaincre à force d'arguments des plus rationnels, le discours de ces personnes est alors très simple : « Cela ne sert à rien de déployer des moyens de prévention et de protection, car ce ne sont pas ces mesures qui pourront empêcher des terroristes de passer à l'acte s'ils l'ont vraiment décidé. »

Dans le cadre d'une analyse de risques, il est primordial d'identifier tous les détracteurs afin de les sensibiliser de manière continue et de la façon la moins anxiogène possible. Ce sont souvent leurs propres peurs qui poussent ces personnes à basculer dans le déni et, par conséquent, plus elles auront à entendre de discours susceptibles de faire grandir leurs angoisses, plus elles se refermeront.

Le déni constitue un risque impalpable extrêmement puissant, pernicieux et contagieux, étant entendu qu'il est toujours beaucoup plus facile de s'auto-convaincre de l'absence de risque plutôt que d'avoir à se confronter à lui.

" LA RÉPUBLIQUE AFFIRME
LE DROIT ET IMPOSE LE DEVOIR "

Victor HUGO

03

De la nécessité de CONNAÎTRE SES OBLIGATIONS

Sous l'influence du droit communautaire, le législateur français a expressément intégré au Code du travail une obligation générale de sécurité à la charge de l'employeur. Ainsi, selon l'article L.4121-1 du Code du travail, l'employeur doit prendre les mesures nécessaires pour assurer la sécurité et protéger la santé physique et mentale des travailleurs.

Le caractère d'obligation de résultat attaché à la notion d'obligation générale de sécurité est apparu en droit social à l'occasion des arrêts dits « amiante » en date du 28 février 2002.

Dans l'article du professeur Pierre-Yves VERKINDT intitulé « Santé au travail, l'ère de la maturité » (Jurisprudence sociale Lamy, n° 239, 1er septembre 2008), il est indiqué que « le résultat dont il est question dans la notion d'obligation de résultat n'est pas l'absence d'atteinte à la santé physique et mentale, mais l'ensemble des mesures prises (effectivement !) par l'employeur dont la rationalité, la pertinence et l'adéquation pourront être analysées et appréciées par le juge ».

Concrètement, une telle notion d'obligation de résultat permet au salarié de mettre en jeu la responsabilité de l'employeur par la simple constatation du défaut de mise en œuvre des mesures propres à assurer sa sécurité, seule la reconnaissance d'un cas de force majeure (très difficile à établir en jurisprudence) pouvant alors exonérer l'employeur.

L'article L.4121-1 du Code du travail prévoit que les mesures nécessaires devant être prises par l'employeur pour assurer la sécurité et la santé des travailleurs comprennent :

- Des actions de prévention des risques professionnels et de la pénibilité au travail ;
- Des actions d'information et de formation ;
- La mise en place d'une organisation et de moyens adaptés.

UNE JURISPRUDENCE CONSTANTE

Suite à l'attentat de Karachi (Pakistan) qui coûta la vie à 11 salariés de la Direction des Constructions Navales (DCN), les familles des victimes saisirent le tribunal des affaires de sécurité sociale (TASS). Le jugement rendu par le TASS le 15 janvier 2004 confirme la faute inexcusable de l'employeur qui aurait dû prendre des mesures adaptées à la protection de ses salariés.

Il précise : « En vertu du contrat de travail le liant à son salarié, l'employeur est tenu envers celui-ci d'une obligation de sécurité de résultat, notamment en ce qui concerne les accidents du travail. Le manquement à cette obligation avait le caractère d'une faute inexcusable, au sens de l'article L.452-1 du Code de la sécurité sociale, lorsque l'employeur avait ou aurait dû avoir conscience du danger auquel était exposé le salarié et qu'il n'a pas pris les mesures nécessaires pour l'en préserver. »

La Cour de cassation va encore plus loin dans l'interprétation de l'article L.412-1-1 du Code du travail dans son arrêt en date du 7 décembre 2011 (arrêt Abidjan) en confirmant la responsabilité de l'employeur vis-à-vis de ses expatriés, et ce même en dehors des horaires de travail.

La Cour de cassation considère également que le « sentiment d'insécurité » ressenti par le salarié sur son lieu de travail peut aussi engager la responsabilité de l'employeur alors même que ce dernier a pris plusieurs mesures (Cass.soc, 6 octobre 2010, n° 08-45.609). Pour la Cour de cassation, cela constitue en effet un manquement à son obligation de sécurité de résultat.

DES OBLIGATIONS « GRAVÉES » DANS LE MARBRE

Si les sujets de sécurité intérieure relèvent de la compétence et des pouvoirs de police des autorités publiques comme cela est stipulé dans le Code de la sécurité intérieure, les entreprises ont tout intérêt à parfaitement s'approprier le thème de la sûreté.

D'ailleurs, il s'agit d'une obligation légale pour les établissements recevant du public (ERP) et pour certaines entreprises à activité « sensible », comme par exemple les exploitants d'installations nucléaires de base, comme l'indique l'article L.591-1 s. du Code de l'environnement codifié par l'ordonnance n° 2012-6 du 5 janvier 2012 et l'arrêté du 7 février 2012. Les entreprises du monde des transports ont elles aussi de multiples obligations tout comme les organisateurs de manifestations sportives par exemple.

Afin d'être en mesure de s'exonérer de sa responsabilité, l'employeur n'a sur les plans civil ou pénal que deux solutions. La première consiste à démontrer que l'accident est dû à une faute exclusive d'un tiers et, par conséquent, qu'il est totalement étranger au travail. Alors que la seconde consiste à démontrer que toutes les mesures prises étaient adaptées aux risques identifiés, ceux-ci ayant été préalablement mesurés.

Les employeurs publics sont également tenus d'assurer la protection fonctionnelle de leurs personnels, comme cela est stipulé dans l'article 11 de la loi n° 83-634 du 13 juillet 1983 : « La collectivité publique est tenue de protéger les fonctionnaires contre les menaces, violences, voies de fait, injures, diffamations ou outrages dont ils pourraient être victimes à l'occasion de leurs fonctions, et de réparer, le cas échéant, le préjudice qui en est résulté. »

Un employeur privé ou public qui ignorerait aujourd'hui ses obligations concernant la sécurité et sûreté de ses salariés prendrait des risques juridiques et financiers très importants, le conduisant à répondre à marche forcée à de nombreuses questions et à d'inéluctables condamnations.

" DEMAIN EST MOINS
DÉCOUVRIR QU'INVENTER "

Gaston BERGER

04

De la nécessité de
FAIRE DE LA
PROSPECTIVE

Prospectivus : « qui permet de voir loin, d'offrir une perspective ».

La prospective n'a pas pour ambition de prévoir l'avenir, mais de l'anticiper à l'aide d'une multitude d'informations à la fois sociologiques, politiques, environnementales, géopolitiques, économiques ou encore statistiques.

L'histoire est aussi une des composantes importantes de la démarche, car, comme l'a souligné l'économiste Michel Goubet, « si l'histoire ne se répète pas, les comportements humains se reproduisent ».

Dans une telle approche, il est important de bien distinguer la prévision de la prospective.

PRÉVISION VERSUS PROSPECTIVE

La prévision est rationnelle. Elle se fonde sur des données mathématiques et, dans tous les cas, sur des données cartésiennes. Les prévisions prennent appui sur des situations existantes et font un bond dans le temps. Nous savons prévoir le temps qu'il fera demain, voire dans trois ou quatre jours, de même que nous savons prévoir l'évolution des matières premières à court terme ou bien encore l'évolution de l'euro ou du dollar.

Les prospectives sont quant à elles beaucoup moins « rationnelles » aux yeux du plus grand nombre. Elles s'appuient sur de multiples facteurs, comme évoqués plus haut, qui sont variables et s'entrecroisent entre eux.

Un bon prospectiviste doit compter parmi ses qualités une imagination débordante et ne doit pas avoir peur du ridicule afin d'envisager tous les scénarios possibles, du plus évident au plus improbable.

Les véritables prospectives sont bien souvent dérangeantes. En effet, non seulement ce type de pratique peut sembler totalement irrationnel, mais elles font aussi généralement émerger des ruptures sociologiques, technologiques, économiques, etc.

IMAGINATION ET PRÉVENTION

Qui aurait imaginé en 1980, en 1990 ou même début 2001 que les États-Unis seraient attaqués sur leur sol par un groupuscule terroriste de type religieux et que cette attaque ne causerait pas « quelques morts », mais des milliers, et des séismes géopolitiques sans précédent ? Qui aurait imaginé, dans les jours qui précèdent, les massacres du 13 novembre 2015 en plein cœur de Paris ou le 14 juillet sanglant de Nice ? Qui aurait imaginé il y a 20 ou 30 ans que des villes comme Salt Lake City ou Baltimore aux États-Unis ou, plus près de nous, Sarrebourg en Moselle, puissent tomber en 2019 sous le contrôle de cyber délinquants ?

Et aujourd'hui, qui imagine qu'une entreprise telle Apple, Facebook ou Amazon puisse un jour s'écrouler ? Qui imagine que nous pourrions vivre demain des heures d'une noirceur que nous avons déjà connue ? Qui imaginerait aujourd'hui que la France puisse faire l'objet d'attaques terroristes quotidiennes déstabilisant totalement le ministère de l'Intérieur au point que les pouvoirs en matière de sécurité soient transférés au ministère de la Défense au travers de l'article 36 de la Constitution qui définit les modalités de l'état de siège ? Quels sont ceux qui imaginent une France de nouveau « brisée, outragée et martyrisée » à coup de cyberattaques qui paralyseraient totalement notre économie et nos réseaux de communication ou électriques ?

Certains ont imaginé et imaginent de tels scénarios. Mais ceux-ci sont généralement écartés d'un revers de manche par d'autres qui jugent leur imagination bien trop fertile.

Pourtant, l'imagination est un pendant incontournable de la prévention et rappelons que, sans prévention, la protection et la défense ne sont qu'illusion.

DE LA SCIENCE-FICTION À LA RÉALITÉ

Il ne fait aucun doute que ces prospectivistes sont très peu nombreux et seront, à coup sûr, accusés d'avoir des analyses irréalistes s'ils se dévoilent au grand jour.

Dans sa démarche, un prospectiviste doit en effet identifier et analyser tous les signaux faibles. Bien souvent, les scénarios en matière de prospective peuvent être jugés comme étant de la science-fiction pure et simple. Mais, comme chacun le sait, la réalité dépasse bien souvent la fiction.

La prospective n'a donc pas pour objectif de prédire l'avenir, mais simplement d'en définir ses contours. À ce jour, et aussi incroyable que cela puisse paraître, de grands groupes internationaux, mais aussi l'armée, font appel à des écrivains de science-fiction pour définir ce que pourrait être notre futur, en matière de technologie notamment.

Jules Verne n'a-t-il pas imaginé le sous-marin dans *Vingt mille lieues sous les mers* ? Léonard de Vinci n'a-t-il pas imaginé l'avion ou l'hélicoptère, et cela même si ces inventions ne virent pas le jour de son vivant ? Georges Orwell dans son roman de science-fiction intitulé *1984* n'a-t-il pas dessiné dès 1949 de nombreux aspects de notre société ? Oui, « Big Brother vous regarde » (*Big Brother is watching you*) et ces Big Brothers se nomment Facebook, Apple, Google, Microsoft, etc. Autant de sociétés privées qui connaissent nos déplacements, nos goûts, nos tendances politiques, nos petits et grands secrets et qui avouent même écouter certaines de nos conversations pour le bien de la science. La science-fiction est un terme que l'on peut jeter aux oubliettes, car rien ne le définit mieux que notre réalité.

En matière de sûreté ainsi que dans de nombreux autres domaines, la prospective est un véritable challenge, car si l'inimaginable n'est pas anticipé, les dégâts matériels, les pertes humaines, les impacts économiques et sociaux seront inexorablement catastrophiques.

SE POSER LES BONNES QUESTIONS

La prospective, c'est l'art de se poser les bonnes questions et, plus que tout, d'imaginer les bonnes réponses.

Dans les années 90, les prévisions de Kodak étaient sans nul doute des plus optimistes et rien ne devait pouvoir abattre ce géant. Nokia, Alcatel et bien d'autres multinationales avaient des prévisions de développement exponentielles et une valorisation boursière des plus flatteuses. Néanmoins, toutes ces prévisions ont été battues en brèche et ces géants de l'industrie ont fini par s'écrouler.

Apple, Facebook, Google, etc. sont aujourd'hui des sociétés dont les prévisions de croissance sont des plus optimistes. Mais qu'en serait-il si les consommateurs ne réagissaient finalement plus selon les projections de leurs maîtres à penser ?

En 2001, puis en 2003, les campagnes militaires en Afghanistan et en Irak devaient être une « simple formalité » pour la première puissance militaire mondiale et ses stratèges. Seize ans et quelque trois millions de morts plus tard, qu'en est-il réellement ?

Prenons l'exemple des printemps arabes soutenus clandestinement par plusieurs États étrangers. Ce réveil du peuple devait faire souffler un vent de démocratie sur ces pays qui se soulevaient contre leur dictateur. Des pays comme la Tunisie, l'Égypte, la Libye ont-ils vraiment goûté de près ou de loin à ce souffle démocratique ?

Le déploiement de 10 000 militaires sur notre territoire au lendemain des attentats du 7 au 9 janvier 2015 à Paris, le plan Vigipirate et l'état d'urgence étaient censés nous protéger contre le terrorisme islamiste. Pourtant, ces mesures n'ont, hélas, pas permis de stopper les attaques du mois de novembre 2015 ou du 14 juillet 2016.

Avons-nous vraiment connu la forme ultime du terrorisme et de la barbarie ou avons-nous « simplement » eu à faire face à des primo-terroristes sans aucune expérience du combat et de l'orchestration du chaos ? Les groupes terroristes et autres activistes violents sont-ils en capacité de mener aujourd'hui ou demain des cyberattaques qui figeraient notre économie et causeraient des milliers de morts ?

La tempête sociale qui souffle sur la France depuis le mois de novembre 2018 avec le mouvement des « Gilets jaunes » pourrait-elle être la source d'actions terroristes de groupuscules d'extrême droite ou d'extrême gauche ?

Toutes ces questions, et bien d'autres encore, méritent des réponses à la fois audacieuses et mesurées, car faire de la prospective, c'est d'une certaine façon ouvrir plusieurs fenêtres sur le futur. Un futur qui sera toujours empli d'incertitudes et de turbulences, un futur qui peut nous sembler incroyable aujourd'hui mais des plus réaliste demain.

Mener des actions préventives et élaborer des schémas directeurs sont autant de démarches qu'il est nécessaire de réaliser concomitamment à des réflexions prospectives. Car toutes les entreprises, et a fortiori les États, se doivent d'anticiper, sans quoi elles rencontreront d'immenses déconvenues.

Albert Einstein a écrit que « l'imagination est plus importante que le savoir ».

Demain sera obligatoirement difficile, car demain nous est inconnu.

" IL EST HÉLAS DEVENU ÉVIDENT
AUJOURD'HUI QUE NOTRE
TECHNOLOGIE A DÉPASSÉ
NOTRE HUMANITÉ "

Albert EINSTEIN

De la nécessité de
FAIRE FACE AUX NOUVELLES
MENACES TECHNOLOGIQUES

Dans leur folie malveillante et meurtrière, les « simples » délinquants, les criminels, les terroristes du XXIe siècle ont des alliés de poids au travers de technologies qui ne semblent plus avoir aucune limite.

Intelligence artificielle, *darknet*, cryptomonnaie, impressions 3D, biotechnologies, Internet des objets, 5G... sont autant de vecteurs qui permettent déjà et permettront à des acteurs malveillants aux motivations diverses et variées de passer à l'acte. Le tout en minimisant leurs besoins en ressources humaines, en atténuant les risques pour leur propre sécurité et en augmentant d'une manière très significative l'impact de leurs actions.

Il est plus que jamais primordial de garder à l'esprit qu'une avancée technologique est toujours une médaille à deux faces. Si la première représente un progrès au sens strict, la deuxième se dessine avec le temps, façonnée par différents profils malveillants qui n'ont de cesse de chercher à détourner ce progrès à des fins mercantiles ou violentes.

UNE INTELLIGENCE PAS SI ARTIFICIELLE QUE CELA

Les avancées en matière d'intelligence artificielle sont remarquables parce qu'elles sont désormais capables de seconder l'homme en médecine, en économie, etc., et plus généralement dans tous les domaines où l'homme a besoin d'aller plus loin, d'être plus rapide ou plus précis et avec un niveau d'analyse incomparable.

Aux mains d'acteurs malveillants, cette même intelligence artificielle est également capable de calculer les niveaux de réponses défensives d'une entreprise ou d'un État, ou encore de faire basculer une élection par l'analyse et la compréhension de nos comportements sur les réseaux sociaux, comme la société Cambridge Analytica dans le cadre des élections américaines ou lors de la campagne du Brexit.

En outre, cette même intelligence artificielle est aujourd'hui capable de propager de manière massive et très ciblée des *fake news*, d'attribuer des discours outrageants à une personnalité ou d'escroquer une entreprise en imitant la voix de son dirigeant grâce à la technologie *deepfake*.

Ces intelligences artificielles ne connaissent pas de limites, et au moment même où ces lignes sont écrites, certaines d'entre elles sont capables de lancer des programmes d'autoapprentissage à une vitesse totalement incroyable.

L'intelligence artificielle n'a d'artificiel que son nom, dans la mesure où cette intelligence est incommensurable. Certains diront même incontrôlable, puisqu'elle servira, à n'en pas douter, à toutes sortes d'actions malveillantes d'une intensité jamais rencontrée à ce jour. Ajoutez à cela des capacités informatiques quantiques et la situation deviendra extrêmement compliquée pour ceux qui cherchent à se protéger.

Si l'alliance entre les forces de sécurité et l'intelligence artificielle ne fait plus aucun doute, il est aussi évident que l'intelligence artificielle s'alliera à des personnages bien plus sombres.

DES DÉFIS COLOSSAUX

Comme le souligne le rapport d'Europol de juillet 2019 intitulé « *Do criminals dream of electric ship? – How technology shapes the future of crime and law enforcement* », les défis pour les forces sécuritaires sont colossaux. À titre d'exemple, la 5G compliquera l'identification et la localisation des téléphones portables à partir de la simple identification de la carte SIM, rendant ainsi impossibles les écoutes légalement autorisées. De plus, les données transitant par la 5G seront « fragmentées » entre plusieurs opérateurs, transformant ainsi le travail des enquêteurs en véritable « casse-tête chinois ».

Cerise sur ce gâteau technologique, les utilisateurs de la 5G auront même la capacité de communiquer directement entre eux, sans avoir à transiter par le moindre réseau.

LA FACE CACHÉE DU WEB

Le *darknet*, véritable Amazon.com de la criminalité, constitue également un véritable fléau pour nos démocraties et notre sécurité.

Sur cette « plateforme » il est tout aussi possible de trouver des codes de sécurité informatique de grandes entreprises permettant de pénétrer leurs serveurs informatiques, que de la drogue, des armes en tout genre, mais également des êtres humains qui sont à vendre tel un simple produit de consommation courante.

Comme le précise Europol au sein de son rapport cité plus haut, dans cette face cachée du web, aucune entité « n'est responsable de l'exploitation ou du stockage des données et ne peut être tenue responsable d'infractions sur ce réseau ». Autant dire que les combats pour abattre ces réseaux sont des plus compliqués, et cela même si les autorités ne cessent d'y intensifier leurs offensives.

Impossible de citer le *darknet* sans parler de la cryptomonnaie et de la plus célèbre d'entre elles, le *Bitcoin*.

Vous imaginez sans aucun doute que les règlements sur le *darknet* ne s'effectuent pas par carte bleue, chèque ou virement bancaire. Pour de multiples raisons, et notamment de pouvoir contourner les banques centrales, les cryptomonnaies ou cryptodevises ont été créées afin d'émettre une monnaie de « pair-à-pair » (*peer-to-peer*), et ce à partir d'un réseau informatique décentralisé.

Selon la définition donnée par Wikipédia, « le terme de « cryptomonnaie » se fonde sur le mécanisme de chiffrement assorti à cette monnaie d'une nature particulière (en grec ancien *kruptos* : « caché ».) Le terme de « crypto-actif » fait référence à « des actifs virtuels stockés sur un support électronique permettant à une communauté d'utilisateurs les acceptant en paiement de réaliser des transactions sans avoir à recourir à la monnaie légale ».

À titre d'information, au mois de juillet 2019, la valeur d'un bitcoin avoisinait les 10 500 euros. Certains spécialistes estiment qu'un seul bitcoin pourrait valoir dans quelques années près de 100 000 euros.

DE LA 3D AUX APPRENTIS SORCIERS

Dans la sphère des menaces technologiques, il est aussi possible de citer les impressions 3D permettant de fabriquer des armes ou de les dissimuler dans des environnements très contrôlés.

Nous pouvons également citer les menaces biotechnologiques. Pour exemple, comme le précise Europol dans son rapport, des chercheurs de l'université de l'Alberta ont ainsi pu recréer « à partir de rien » un parent de la variole qui a été mis en vente en ligne « pour environ 100 000 dollars ». Europol ajoute que des « *biohackers* autodidactes » jouent aux apprentis sorciers sur eux-mêmes ou sur des bactéries à partir de kits vendus 159 dollars.

Qu'adviendra-t-il si demain des terroristes venaient à produire des variantes ultra-résistantes de la grippe espagnole, d'Ebola ou de la peste bubonique avec une période d'incubation totalement maîtrisée et qu'ils décidaient de se l'inoculer et de voyager sur les cinq continents ? À n'en pas douter, les résultats seraient bien plus retentissants que les attentats du 11 septembre 2001.

NOUS N'AVONS ENCORE RIEN VU

De tout temps, les avancées technologiques ont été source de nouvelles menaces. Mais jusqu'alors, une forme de régulation s'opérait à partir de contre-mesures qui pouvaient être législatives, organisationnelles, techniques ou humaines. En effet, à ce jour, il reste très difficile de fabriquer une bombe nucléaire/sale dans son salon. Toutefois, il est devenu aujourd'hui « facile » pour un jeune informaticien de créer dans sa chambre une intelligence artificielle ou de lancer une cyberattaque contre une ville, une entreprise ou des organisations gouvernementales de premier rang.

À présent, une protection basée sur de la vidéosurveillance, du contrôle d'accès, des alarmes, etc. peut être mise à mal en quelques clics, le tout étant de trouver la porte dérobée ou « le complice » qui permettra de pénétrer le cœur du système. Une fois dans le système, les assaillants vous rendront aveugle, les portes qui devaient être fermées s'ouvriront et les alarmes qui devaient se déclencher resteront inexorablement muettes.

Le binôme homme/technologie est effrayant, car la technologie donne à l'homme malveillant de très concrètes possibilités de semer le chaos, qu'il s'agisse d'espionnage, de vols en tout genre, d'agressions gratuites et bien entendu de terrorisme.

Le « casse » du 21e siècle n'aura pas lieu à bord d'un train postal, comme cela a été le cas en 1963 avec l'attaque du train postal Glasgow Londres, ou à partir des égouts en référence au « casse du siècle » réalisé par Albert Spaggiari à Nice en 1976.

Le casse du XXIe siècle ne consistera pas à voler quelques dizaines ou centaines de millions d'euros. Ce sont des milliards que les cerveaux de ce casse déroberont en quelques clics. Ils n'écriront pas sur les murs de la salle des coffres « Ni armes, ni violence et sans haine » comme a pu le faire Spaggiari, mais ils posteront éventuellement un tweet. Une fois en possession des fonds, ces braqueurs – sans col blanc, mais en jean, tee-shirt et basket – feront circuler l'argent si vite sur les cinq continents que ces milliards finiront par tout simplement « s'évaporer ».

Imaginez ces « génies » du *hacking* au service d'une organisation secrète qui aurait pour ambition de déstabiliser des entreprises de premier rang. Leur objectif : piller ce qui peut l'être et semer le chaos par tous les moyens.

Imaginez une action terroriste visant plusieurs sites dans plusieurs villes d'un même pays ou de plusieurs. Imaginez maintenant que le commando de terroristes soit appuyé par une unité de hackers en charge d'attaquer tout ce qui peut l'être (communication, réseau électrique, etc.) dans ces mêmes villes et, de manière plus spécifique, les principaux hôpitaux, les commissariats, etc. Imaginez également qu'en même temps que ces attaques informatiques, ces hackers diffusent en masse sur les réseaux sociaux de fausses vidéos et de fausses informations visant à générer un vent de panique ou de haine afin de pousser des communautés à se dresser les unes contre les autres. Que pensez-vous qu'il se passerait ?

ET LA RÉALITÉ SUBMERGEA LA SCIENCE-FICTION

Que ceux qui pensent que de tels scénarios relèvent du domaine de la science-fiction se réveillent et regardent bien le monde qui nous entoure. Qu'ils mesurent bien la toute-puissance de l'ensemble des technologies qui sont aujourd'hui accessibles à monsieur Tout-le-Monde, que celui-ci habite au Pakistan, en Sibérie ou au fin fond de l'Australie.

Notre dépendance à Internet et à la technologie a fait de nous des géants aux pieds d'argile dépendant de réseaux informatiques qui sont attaqués quotidiennement par des activistes de toute origine cherchant à voir s'écrouler les géants que nous sommes devenus.

Cette guerre asymétrique ne fait que commencer et nous irons certainement de surprise en désillusion, regrettant peut-être le temps où les choses allaient beaucoup moins vite.

" DE LEURS ENNEMIS
LES SAGES APPRENNENT
BIEN DES CHOSES "

Aristophane

06

De la nécessité de
CONNAÎTRE SES
AGRESSEURS POTENTIELS

Dans tout processus visant à protéger les personnes et les biens contre des actions de malveillance, il est primordial de parfaitement intégrer le mode de raisonnement des acteurs malveillants.

Définir les stratégies à mettre en œuvre pour contrer ces actes réclame une certaine gymnastique intellectuelle, car il est impératif de se mettre à penser comme ceux que l'on va chercher à combattre. Cette démarche peut être dérangeante, les stratégies envisagées par les acteurs malveillants pouvant être violentes, voire très violentes, et invariablement très éloignées du mode de pensée du commun des mortels.

Et même si cela est difficilement compréhensible, certains acteurs malveillants de droit commun peuvent atteindre des niveaux de violence totalement extrêmes. Ces personnages, tout droit issus de la fiction de Stanley Kubrick *Orange mécanique*, sont pour la plupart complètement instables sur un plan psychologique pour de multiples raisons. Certains sont nés et ont grandi dans des pays en guerre alors que d'autres ne sont « finalement » que des victimes ayant grandi entourées par une violence physique ou psychologique.

Comme le relate quotidiennement la presse, ces tristes personnages n'hésiteront pas à utiliser une violence démesurée si elle peut leur permettre d'atteindre leur but.

DES CHOIX SOUVENT RATIONNELS

Toutefois, ces acteurs malveillants agissent aussi de manière très rationnelle. La théorie de Maurice Cusson, criminologue et écrivain canadien, met en exergue que la personne qui commet une infraction est obligatoirement motivée par le bénéfice que celle-ci va engendrer. Il peut s'agir de notoriété, d'excitation, de puissance, mais aussi représenter un appât du gain rapide.

En matière de terrorisme, ces « gains » seront généralement le nombre de victimes potentielles, mais aussi et surtout les impacts psychologiques engendrés au sein de la population.

Les acteurs malveillants font alors, et de manière relativement cartésienne, un « choix rationnel » qui implique une évaluation « coûts-bénéfices » avant de passer à l'acte.

Pour les délinquants de droit commun, plusieurs facteurs viennent renforcer leur motivation. Si la facilité du passage à l'acte est un paramètre non négligeable, la valeur des biens à voler ainsi que leur facilité de revente sur un marché parallèle sont des paramètres extrêmement importants.

TYPOLOGIE DES ACTEURS MALVEILLANTS

Dans la famille de celles et ceux qui ont basculé dans la délinquance et la violence, il est possible de distinguer deux grandes catégories : les non-professionnels et les professionnels.

Les non-professionnels
Les délinquants non professionnels sont issus de la petite et moyenne délinquance. Ils agissent généralement en groupe avec un niveau de préparation de leurs méfaits qui peut être très disparate.

Ces individus passent la plupart du temps à l'action par opportunisme ou à partir de renseignements qu'ils auront pu collecter grâce à un complice interne à l'établissement visé (salarié, intérimaire, sous-traitant, etc.).

Selon leur niveau de préparation, ces délinquants pourront commettre leurs méfaits avec une efficacité plus ou moins relative.

Le manque potentiel de « professionnalisme » et d'organisation de ces délinquants ainsi que le stress engendré par leur passage à l'acte peuvent les pousser à être violents, si les victimes n'exécutent pas rapidement leurs doléances ou si elles font preuve d'une quelconque forme de résistance.

Au travers de leurs rapines, cette première catégorie d'acteurs malveillants cherchera à gravir les échelons afin de pouvoir un jour entrer dans le cercle très fermé du grand banditisme.

S'ils sont nombreux à rêver secrètement d'une telle carrière, rares seront ceux qui auront « l'opportunité » d'endosser ce statut. Toutefois, passer du statut de non-professionnel à celui de professionnel n'est fort heureusement pas à la portée des premiers délinquants venus.

Les professionnels
À l'inverse des non-professionnels, les professionnels agissent avec beaucoup de méthodologie et en ayant toujours préparé leur action avec minutie. Cette catégorie de « bandits de grand chemin » ne passera à l'acte qu'après avoir mené une « véritable étude » selon les quatre phases suivantes.

IDENTIFICATION, PRÉPARATION, ACTION, EXFILTRATION

Identifier
Cette première étape consiste à identifier une cible à partir d'un critère principal qui est, pour les délinquants de droit commun : qu'y a-t-il à voler ? Il s'agit alors d'une phase d'initiation.

Se préparer
Vient ensuite la deuxième étape, celle de la préparation. Les acteurs malveillants cherchent à se renseigner au maximum sur l'environnement de leur cible ainsi que sur les mesures de protection déployées pour la protéger : les voies d'accès, la rapidité avec laquelle pourraient intervenir les forces de l'ordre, les mesures de protection électroniques et humaines, etc.

Pour ce faire, certains d'entre eux n'hésiteront pas sous de fallacieux prétextes à s'approcher au plus près de leur cible, en se faisant embaucher, via une société d'intérim par exemple.

Agir
La troisième étape est celle de l'action qui doit être la plus rapide et efficace possible. Ces « délinquants chevronnés » n'hésiteront pas à répéter leur action, étant entendu que tous les membres du groupe ont une mission parfaitement définie. Ce point permet notamment de distinguer les professionnels des non-professionnels.

S'exfiltrer

La quatrième et dernière étape consiste pour ce type d'acteurs malveillants à analyser les possibilités à leur disposition afin de pouvoir s'exfiltrer le plus rapidement possible et en rencontrant un minimum de résistance. Il s'agira aussi de définir leur zone de refuge et, si nécessaire, de stockage des biens dérobés. Il est en effet plus difficile de stocker trente palettes de smartphone qu'un sac de bijoux.

Pour cette catégorie de délinquants, il est primordial que tous les voyants soient au vert. Si tel venait à ne pas être le cas, ils prendraient sans aucune hésitation la décision de trouver une autre cible. Cette catégorie d'acteurs malveillants, contrairement aux terroristes islamistes, sait mieux que quiconque que le risque zéro n'existe pas et mettra par conséquent tout en œuvre pour réduire les risques identifiés à leur niveau le plus bas.

Les terroristes islamistes utilisent le même modus operandi que les délinquants de droit commun afin de préparer leur attentat, à la seule différence qu'ils ne prêteront que très peu d'attention à la quatrième étape. Leur motivation est de faire un maximum de dégâts en un minimum de temps et en dernier ressort d'affronter les forces de sécurité intérieure.

DES STRATÉGIES DE PRÉVENTION ET DE PROTECTION ADAPTÉES

Face à de tels profils de délinquants, toutes les mesures en matière de prévention et de protection doivent être dûment réfléchies.

Qu'il s'agisse de délinquants de droit commun ou de terroristes, la stratégie à mettre en œuvre est de rendre l'acte délictuel plus risqué et le moins « intéressant » possible.

Les procédures, les consignes, les moyens humains et les matériels déployés sont autant de mesures permettant d'insécuriser ce type d'acteurs malveillants.

L'objectif principal est de compliquer au maximum le passage à l'action, d'une part en freinant la progression des assaillants et d'autre part en donnant une alerte le plus précocement possible.

La parfaite application du concept de prévention situationnelle peut en la matière apporter un premier niveau de réponse efficace. Ce concept, qui fera l'objet d'une présentation plus détaillée dans un prochain chapitre, vise quatre grands objectifs.

Tout d'abord, il est nécessaire de chercher à augmenter l'effort du/ des délinquants de manière plus ou moins drastique au travers de différentes mesures techniques, organisationnelles et/ou humaines.

Le deuxième objectif est d'augmenter, du fait des mesures déployées, la prise de risques des malfaiteurs.

Le troisième consiste quant à lui à réduire autant que possible les gains espérés par le/les délinquants. Les gains peuvent être du numéraire ou des matériels variés et divers, mais aussi, et notamment pour les terroristes, l'intensité avec laquelle ils atteindront leur but. Il est important de noter que pour des terroristes, l'intensité de l'action elle-même est primordiale.

Enfin, le quatrième objectif est d'amoindrir les excuses dont pourraient se prévaloir le/les délinquants afin de justifier leur acte.

La prévention d'un risque malveillant s'appuiera toujours et obligatoirement sur une combinaison de moyens matériels, de moyens humains et de procédures, qui seront ajustés selon l'intensité prévisible de l'action malveillante. Il est bien entendu que cette intensité sera d'autant plus forte que l'objectif des agresseurs est important.

" SE CONNAÎTRE EST
LE BUT DE TOUTE SAGESSE "

Aristote

De la nécessité de
CONNAÎTRE SES FORCES ET SES FAIBLESSES

Dans le cadre de l'élaboration d'une stratégie, et ce quel que soit le domaine, il est primordial de connaître parfaitement ses forces et ses faiblesses.

En matière de sûreté, vouloir tout protéger ne peut en aucun cas être une solution, tant pour des raisons budgétaires que pour des questions tactiques et organisationnelles.

Mesurer les forces et les faiblesses d'une situation donnée doit permettre à terme et de manière très simple de consolider les forces et de réduire au maximum les faiblesses. En l'espèce, nous parlons bien de réduction des faiblesses et non d'annihilation de celles-ci, car un tel objectif serait totalement illusoire.

UNE QUESTION D'ÉQUILIBRE

Par certains aspects, il est presque possible de comparer les forces et les faiblesses à des êtres vivants.

En effet, une force, pour obtenir un tel statut, a obligatoirement connu une croissance emplie d'attention et de bienveillance alors qu'une faiblesse a, quant à elle, été totalement négligée pour des raisons multiples. Une force est nourrie et choyée alors qu'une faiblesse est délaissée.

Mais la vigilance est de mise, car une force qui ne fait plus l'objet d'une attention de tous les instants deviendra, sans que vous vous en rendiez forcément compte, une faiblesse. Une telle évolution est tout particulièrement pernicieuse, car elle transformera, d'une manière qui peut être très silencieuse, l'ensemble des composantes de la chaîne de protection.

Bâtir un schéma de protection est obligatoirement une question d'équilibre et d'harmonie entre les mesures qui sont mises en œuvre. Rappelons qu'il est plus qu'improbable que des acteurs malveillants ayant jeté leur dévolu sur une cible cherchent à frapper ses points forts, ou alors à des fins de diversion.

Dans des domaines aussi sensibles que la sûreté et la sécurité, il appartient à tout dirigeant de s'assurer « en tout temps et tout instant » que toutes les mesures en œuvre dans ces deux domaines sont adaptées aux risques et menaces, et ce afin d'atteindre l'obligation de résultat qui lui incombe (article L.412-1-1 du Code du travail). Il doit également être souligné que la responsabilité pénale qui pèse sur les épaules des dirigeants est validée par une jurisprudence constante.

UN OUTIL DE MESURE : L'AUDIT DE SÛRETÉ

Mesurer ses forces et ses faiblesses, c'est passer en revue toutes les composantes du dispositif de sûreté avec une méthodologie sans faille. Cette approche, communément appelée audit de sûreté, est une étape incontournable.

Un audit de sûreté n'a pas pour seul objectif de faire un état des moyens matériels, humains ou organisationnels. Il doit également permettre d'identifier les vulnérabilités d'un ensemble qui peut être complexe.

Une fois les vulnérabilités identifiées, il importe alors de formuler des préconisations capables de faire obstacle à des individus agissant de manière volontaire, avec parfois un machiavélisme ou une brutalité qui peuvent être des plus surprenants.

La réalisation d'un audit de sûreté se complexifie lorsque l'on sait que, pour être efficace, celui-ci doit prendre en compte l'environnement général de l'entreprise ou de l'organisation, des composantes géographiques ou politiques, des risques et menaces très variés, des flux entrants et sortants, la culture sûreté de l'entreprise et de ses dirigeants, les relations avec les partenaires sociaux ou encore les capacités stratégiques – soit les moyens humains, financiers ou organisationnels – de l'entreprise ou de l'organisation.

UN REGARD EXTÉRIEUR

D'une manière générale, les audits, quelles qu'en soient les thématiques, sont réalisés par des sociétés externes pour plusieurs raisons.

D'une part, afin de pouvoir bénéficier d'un regard et d'une analyse extérieurs à l'entreprise, donc totalement objectifs. Pour ce faire, un audit ne doit et ne peut s'appuyer que sur des éléments factuels et compréhensibles de tous.

D'autre part, parce que « nul n'est prophète en son pays » et qu'il peut donc être extrêmement difficile pour un directeur/responsable de s'assurer de la parfaite adéquation des mesures de sûreté prises en fonction des vulnérabilités identifiées, mais aussi d'être totalement audible vis-à-vis de sa propre hiérarchie.

UN EXERCICE DÉLICAT

Dans un tel contexte, faire du conseil en sûreté doit non seulement reposer sur une vaste culture du monde de l'entreprise, mais aussi sur une méthodologie sans faille.

C'est pourquoi les qualités morales et professionnelles du consultant en charge de conduire l'audit sont tout simplement primordiales. Un consultant en sûreté doit bien entendu avoir de très solides connaissances techniques, mais il doit avant tout comprendre rapidement l'activité de l'organisation ainsi que ses enjeux stratégiques afin de pouvoir formuler des préconisations cohérentes.

Il est important à ce stade de parfaitement comprendre qu'il y a toujours un delta entre ce qui devrait être fait de manière optimale et ce qui peut réellement être réalisé. Face à une telle problématique, la seule solution sera de s'adapter en utilisant uniquement les moyens mis à disposition.

Établir des recommandations qui ne pourront pas être mises en œuvre faute de budget (charges et investissements) est tout simplement un non-sens, tout comme le fait d'imposer des mesures sans anticiper les changements que celles-ci impliquent sur un plan organisationnel.

Mener ce type de mission réclame également un grand sens de la communication afin de faire passer de la manière la plus douce possible les messages qui doivent l'être.

Réaliser des audits en sûreté n'est en aucun cas un exercice qui s'improvise. En effet, être en mesure d'identifier des vulnérabilités et de formuler des préconisations est une chose, savoir les exprimer de manière factuelle et compréhensible par tous dans un rapport en est une autre.

L'exercice qui reste de loin le plus délicat est la capacité du consultant à argumenter devant un comité exécutif afin de le convaincre du bien-fondé de ses analyses et préconisations. Dire que « les choses ne vont pas » n'est certainement pas une option pour emporter une adhésion collective.

En matière de sûreté, plus que dans tout autre domaine, l'objectif de tout conseil est d'avoir la capacité à formuler les choses clairement, simplement, avec pédagogie et pragmatisme afin d'emporter l'adhésion de ses interlocuteurs.

" LE SAGE NE S'AFFLIGE JAMAIS
DES MAUX PRÉSENTS, MAIS
EMPLOIE LE PRÉSENT POUR
EN PRÉVENIR D'AUTRES "

William SHAKESPEARE

08

De la nécessité de
COMBINER PRÉVENTION
& PROTECTION

En sûreté, prévention et protection sont indissociables.

La prévention est un ensemble de mesures techniques ou organisationnelles ayant pour objectif d'éviter qu'un risque ou une menace ne se matérialise.

Les actions de prévention engagées par l'État ou les entreprises sont multiples. Il peut s'agir d'une régulation très stricte concernant la vente et la circulation des armes, de l'interdiction de vente au public de certaines substances chimiques pouvant entrer dans la composition de drogues de synthèse ou de la sensibilisation obligatoire à la sûreté de tous les individus évoluant dans des secteurs d'activité qualifiés de sensibles, tels que le nucléaire ou l'armement.

En entreprise, le socle de la prévention est avant toute chose une prise de conscience de toutes les parties prenantes, car sans elle les actions de protection qui pourraient être déployées seront tout simplement illusoires.

LA PRÉVENTION SITUATIONNELLE

Il est impossible d'aborder la thématique de la prévention sans évoquer celle de la prévention dite situationnelle.

La doctrine de la prévention situationnelle prend forme aux États-Unis dans les années 60 sous l'impulsion de Jane Jacobs (école de Chicago) qui s'interroge sur les conditions dans lesquelles un délit ou un crime peut être commis. Pour ce faire, cette architecte, également philosophe, s'attache à prendre en considération la victime, l'auteur, mais aussi les conditions dans lesquelles l'acte délictueux ou criminel peut être perpétré.

Jane Jacobs comprit rapidement que, pour qu'il y ait un délit ou un crime, il faut aussi un contexte. Il peut être le fait d'une rue mal éclairée, d'un poteau qui puisse être facilement décelé afin de servir de « bélier » pour briser une vitrine ou bien encore d'un site privé pas ou mal clôturé…

De la théorie à la pratique

En 1972, l'architecte et urbaniste Oscar Newman écrivit son premier livre intitulé *Les espaces défendables* (*defensible space*). L'une des principales théories de Newman, qui mènera ses recherches aux États-Unis et au Canada, est qu'un espace est d'autant mieux protégé de la criminalité lorsque ses habitants éprouvent un véritable sentiment d'appartenance à leur environnement. Pour l'écrivain, la réduction de l'acte criminel et du sentiment d'insécurité peut prendre forme au travers de l'architecture et de l'urbanisme.

Newman est également convaincu que les habitants jouent un rôle essentiel dans la réduction de la criminalité, et notamment en permettant aux résidents eux-mêmes de surveiller eux-mêmes leurs espaces de vie.

À travers diverses études menées dans des logements sociaux, Oscar Newman affirme, entre autres, que plus les bâtiments sont élevés, plus la criminalité est concentrée dans les étages supérieurs, ce qui permet aux délinquants de mieux organiser leur défense. Cette dernière théorie n'a toutefois jamais été confirmée de manière formelle. Il souligne également que la majorité des incidents ont lieu dans les parties communes des immeubles qu'il nomme « espaces publics cachés ».

Si les théories d'Oscar Newman ont été contestées, elles ont néanmoins été mises en œuvre avec plus ou moins de succès aux États-Unis, au Royaume-Uni, aux Pays-Bas, en Suède et en France.

Une approche qui prend forme

En 1985, Alice Mary Coleman, professeur de géographie, met en lien les défauts d'entretien des espaces urbains et le niveau de criminalité dans ce même espace.

Dans les années 90, le criminologue Ronald V. Clarke apporte de son côté une nouvelle pierre à l'édifice en développant la théorie du « choix rationnel » selon laquelle un délinquant prend en compte plusieurs facteurs pour réaliser ou non son action malveillante.

En effet, le délinquant se pose le problème de la manière suivante : quelle est la difficulté de mise en œuvre de mon action ? Quels sont les risques encourus ? Quels sont les bénéfices ? Si les difficultés et les risques encourus sont trop importants, il ne passera pas à l'acte et se dirigera vers une cible plus abordable pour lui.

Pour sa part, le Canadien Maurice Cusson a mis en avant d'autres grands principes de la prévention situationnelle que sont le moindre effort, le moindre risque, le plus grand profit.

Dans cette même veine, les criminologues Lawrence Cohen et Marcus Felson soulignent que le crime prend forme suite à une rencontre entre un auteur potentiel, une cible vulnérable et un niveau de sûreté inadapté (homme ou matériel).

Haussmann faisait déjà de la prévention situationnelle

Autre temps, mais approche comparable, dans la seconde partie du XIXe siècle, Louis-Napoléon Bonaparte veut redessiner Paris, alors sombre et insalubre. Il souhaite également faciliter la circulation des flux de marchandises et des hommes.

Impressionné par la reconstruction des quartiers ouest de Londres suite au grand incendie de 1666, l'empereur Bonaparte désire donner une nouvelle dimension à la capitale.

Selon certains, Bonaparte aurait aussi voulu au travers de ces travaux faire face et de manière indirecte aux velléités insurrectionnelles du peuple. En effet, après la Révolution de 1789 et les soulèvements populaires de juillet 1830 et juin 1848, Bonaparte souhaite être capable de maîtriser les éventuels soulèvements de la classe ouvrière en la repoussant et en l'éparpillant en dehors du centre de Paris.

Aussi, le 29 juin 1853, Louis-Napoléon Bonaparte confie au préfet de la Seine, Georges Eugène Haussmann, la mission « d'assainir » Paris. Si l'une des stratégies d'Haussmann est bien d'embellir la ville, il fait aussi de la sécurité un axe important de sa réflexion. Dans ce but, il

« perce » dans la ville de larges avenues qui, outre leur aspect esthétique, permettent de rendre plus difficiles l'édification de barricades et les regroupements.

Haussmann écrira même à Bonaparte qu'il faut « accepter dans une juste mesure la cherté des loyers et des vivres comme un auxiliaire utile pour défendre Paris contre l'invasion des ouvriers de la province ».

Sans que l'appellation soit utilisée, Haussmann faisait déjà de la prévention situationnelle.

LES COÛTS DE LA PRÉVENTION

Les Français ne sont pas de grands adeptes de la démarche préventive, contrairement aux Anglo-Saxons. La raison d'une telle divergence est simple et pragmatique : le coût que cela engendre.

Si les Anglo-Saxons préfèrent prévenir plutôt que guérir, nous autres, Latins, avons dans bien des cas une approche qui consiste à éteindre les incendies au lieu de tout mettre en œuvre pour qu'ils ne se déclenchent pas.

Agir de manière préventive implique d'engager des investissements et des charges afin d'essayer de maîtriser un risque potentiel.

Toute la complexité des actions préventives est de savoir si ce sont les moyens déployés qui ont permis de maîtriser le risque redouté ou si le risque s'est affaibli de lui-même pour de multiples raisons.

De manière très pragmatique, le débat concernant le bien-fondé ou non de la prévention oppose généralement deux grandes catégories : les professionnels de la sûreté qui savent qu'un risque identifié verra le jour et qu'il ne s'agit que d'une question de temps et, d'autre part, tous ceux qui tiennent les cordons de la bourse et pour qui agir de manière préventive peut ne pas avoir de sens.

Pour justifier leur position, les opposants aux actions préventives pourront arguer que la probabilité d'occurrence ou la gravité ne sont pas suffisamment démontrées ou que ce ne sont pas les mesures préventives déployées qui pourront « dans tous les cas » empêcher le risque redouté de se matérialiser. Face à de telles objections, il est primordial de rappeler aux détracteurs des mesures préventives que la matérialisation d'un risque entraîne irrémédiablement des conséquences directes mesurables très rapidement – le montant des dégâts, le nombre de personnes blessées ou décédées, etc.

Néanmoins, ces conséquences directes seront obligatoirement suivies de conséquences indirectes dont l'étendue n'est quant à elle jamais mesurable. Elles pourront atteindre l'image de marque des personnes physiques ou morales, impacter budgétairement l'organisation ou mettre en cause les dirigeants sur un plan judiciaire.

S'il est important de déployer des mesures de prévention afin de faire face aux risques et menaces, il est bien entendu tout aussi essentiel de déployer de façon judicieuse des mesures de protection afin de dissuader, détecter ou ralentir la diffusion de l'action malveillante.

L'ORCHESTRATION D'UNE CHAÎNE DE PROTECTION

Si les mesures de prévention sont importantes, il va de soi que les mesures de protection le sont tout autant. En effet, l'ensemble des mesures déployées constitue le rempart qui doit permettre de détecter, freiner, voire repousser le ou les acteurs malveillants dans leur action.

La protection des personnes et des biens se matérialisera toujours par une alliance de moyens humains, techniques et organisationnels. Ce n'est que la parfaite orchestration de ces trois composantes qui peut permettre d'atteindre le niveau de protection souhaité.

En l'espèce, nous parlons bien d'orchestration, car il est primordial que chacune de ces composantes soit en mesure de parfaitement jouer la partition qui lui sera attribuée afin d'éviter une cacophonie en lieu et place d'une douce symphonie.

Une stratégie de protection doit être vue comme une chaîne, dans laquelle tous les maillons ont une place fondamentale, étant entendu qu'une chaîne cassera toujours par son maillon le plus faible. L'important n'est alors pas d'avoir de très gros maillons et d'autres plus petits, car une telle composition ne pourra entraîner qu'une distorsion de la chaîne de protection avant sa rupture.

Pour atteindre une efficacité qui soit optimale, la chaîne de protection doit être composée de maillons faisant appel à autant d'actions de prévention que de protection. La communication, la sensibilisation, la formation, le management de la sûreté, la diffusion de procédures et consignes, les relations avec les forces sécuritaires... sont autant d'actions essentielles que nous pouvons classer dans le segment des actions préventives.

Les déploiements d'agents de sécurité, de caméras de vidéosurveillance ou de vidéoprotection, de moyens de protection mécanique font partie intégrante des mesures de protection qui ne pourront parfaitement remplir leur fonction qu'en s'appuyant sur des actions préventives au travers d'une minutieuse orchestration.

TROUVER L'ÉQUILIBRE

Cette recherche d'équilibre entre prévention et protection est essentielle pour faire face efficacement à des acteurs malveillants qui peuvent agir de manière très réfléchie. Ce stade de réflexion pousse les délinquants à mesurer avant la commission de leur délit ou crime le rapport risque/bénéfice. S'ils estiment que le risque est trop élevé, ils chercheront alors à atteindre une cible ayant des bénéfices plus importants que le risque.

Se protéger c'est aussi le faire savoir au travers d'une communication ciblée et maîtrisée. La communication constitue sans aucun doute une composante de la dissuasion, car il ne faut jamais perdre de vue que la sûreté en entreprise a pour principal objectif de dissuader et non pas d'affronter les acteurs malveillants qui chercheraient à atteindre les personnes ou les biens ; cette mission incombant aux forces régaliennes.

Protéger les personnes et les biens, c'est protéger les actifs de l'entreprise.

Une action malveillante à l'encontre des personnes et des biens aura toujours des conséquences directes et indirectes et enclenchera en tout état de cause une multitude d'effets au sein de l'entreprise elle-même, mais aussi au sein de ses fournisseurs et sous-traitants et bien évidemment au sein même de son portefeuille clients et de sa production. La matérialisation d'un risque entraînera à coup sûr un effet domino dont il est possible d'identifier le point de départ, mais pas celui de son arrivée.

Bâtir une stratégie de sûreté peut être coûteux, mais la dépense sera moindre au regard des mesures qui devront être prises en aval de la matérialisation d'un risque.

La sûreté est encore de nos jours bien trop souvent considérée comme une charge alors qu'il est évident qu'elle devrait être perçue comme un investissement contribuant au développement et à la pérennisation de l'entreprise.

" LE SILENCE ET LE SECRET
SONT DES ARMES INDISPENSABLES
DANS TOUTES ÉTUDES
STRATÉGIQUES "

Antoine RIBOUD

De la nécessité de
PROTÉGER SES
INFORMATIONS

De tout temps, l'information a toujours été un bien précieux, sinon le plus précieux. Telle une pierre brute, cette information prend forme au fil des jours, des mois, des années. Une fois taillée et assemblée, elle devient stratégique pour l'entreprise.

Dans une société, cette information peut avoir plusieurs visages : fichiers clients, prix de revient, formules chimiques, plans des stratégies commerciales, négociations avec les représentants du personnel, plan de sûreté, etc.

Mettre alors en œuvre une stratégie de sûreté sans y intégrer la protection de l'information serait tout simplement irresponsable.

L'INFORMATION : LE NERF DE LA GUERRE

Ce sont les idées, les projets, les changements d'orientation, les alliances et bien d'autres composantes immatérielles qui vont permettre de façonner et de faire grandir une entreprise. Foisonner d'idées novatrices, être visionnaire, conquérir des marchés à partir de stratégies d'avant-garde est inutile si des tiers captent ses informations au travers d'actions délictueuses.

Imaginez qu'en 2005 ou 2006, des concurrents d'Apple aient eu connaissance des projets de Steve Jobs concernant l'iPhone… Le lancement en 2007 mais aussi toute l'histoire de la firme de Cupertino n'auraient certainement pas été les mêmes.

Plus que jamais, l'information est devenue le « nerf de la guerre », et ce aussi bien pour des entreprises de la taille d'Apple, d'ExxonMobil, de Total ou Sanofi, que pour la plus jeune des *startups*. Dans cette chasse à l'information, il n'y a pas une entreprise moins concernée que les autres.

L'information constitue la charpente de l'édifice et sans elle, il ne peut y avoir de construction. Une charpente n'est pas constituée d'un seul tenant, mais de plusieurs poteaux et poutres de bois, de métal ou de béton. L'altération d'une composante de cette charpente dénaturera obligatoirement la solidité de l'édifice. Et bien entendu, l'altération de plusieurs éléments de manière concomitante entraînera à terme la chute du bâtiment.

L'ESPIONNAGE INDUSTRIEL

Si l'action malveillante visant des personnes et des biens matériels peut être entendue par les décideurs, il en va autrement pour la protection de l'information. Nombre de dirigeants ont encore des difficultés à accepter que des scénarios tout droit issus de romans de John le Carré puissent réellement prendre forme et qu'ils puissent être la cible de telles actions.

Tous les mois, la Direction Générale de la Sécurité Intérieure publie une note à destination des entreprises. Ce communiqué, intitulé « Ingérence économique », évoque des actions offensives dont des sociétés françaises sont régulièrement victimes.

Vous trouverez ci-dessous quelques exemples d'ingérence économique repris dans les « flashs » de la DGSI. Vous pourrez ainsi vous rendre compte que la réalité peut, sans aucune difficulté, égaler, voire dépasser, la fiction.

« Une entreprise française présente une technologie innovante à une délégation étrangère en visite sur son site. Lors de la présentation, l'un des membres de la délégation tente de subtiliser et de dissimuler sur lui les plans de la technologie et de la machine la fabriquant.
Seule la vigilance d'un salarié a permis de contrecarrer l'action du ressortissant étranger, qui a pu agir de sa propre initiative, sur instruction de son employeur ou même de son gouvernement.
Bien qu'aucun élément ne permette de caractériser une opération planifiée et ciblée, le préjudice aurait été important pour l'entreprise hexagonale si l'action avait été menée à son terme. »

« Un service de renseignement étranger a ciblé, via le réseau social professionnel LinkedIn, des entreprises spécialisées dans les énergies et la haute technologie.
Ce service a réussi à approcher, grâce à la création d'un faux profil, certains personnels spécialisés de ces sociétés. Après avoir échangé

plusieurs mails afin de renforcer la crédibilité du faux profil, un lien leur a été envoyé, sous prétexte d'une offre d'emploi séduisante.

Le lien était en réalité un programme informatique malveillant qui, installé à l'insu des utilisateurs, a permis au service étranger d'infiltrer le réseau de plusieurs entreprises et de collecter un nombre important d'informations stratégiques sur leurs activités et projets en cours. »

« Une société a reçu la visite inopinée d'un auditeur prétendant travailler pour l'administration d'un pays étranger dans lequel l'entreprise tricolore commercialise ses produits. Si un audit était effectivement programmé, l'entreprise française s'est toutefois étonnée de ne pas avoir été prévenue de cette venue.
L'assurance de l'« auditeur », sa fermeté, son charisme et sa connaissance manifeste de l'entreprise ont convaincu les dirigeants, pourtant méfiants au départ, de lui autoriser l'accès au site. Cette personne extérieure a ainsi pu travailler librement une journée entière sur le système informatique et avoir accès à de nombreuses données stratégiques de la société.
A posteriori, l'entreprise s'est renseignée et a appris qu'un audit était bien prévu… mais quelques mois plus tard. Il est probable que le soi-disant auditeur travaillait pour une entreprise concurrente ou un service étranger. Le préjudice, en termes de captation informationnelle, a été considérable pour la société hexagonale. »

Ces trois exemples illustrent parfaitement l'ingéniosité et le savoir-faire de tous ceux qui cherchent à capter les biens les plus précieux de l'entreprise, à savoir ses informations. Pour les concurrents et les États, la captation d'une information leur permet de faire un bond incroyable dans le temps afin de pouvoir prendre un avantage concurrentiel du fait des travaux qu'ils pourront mener à partir d'une base qui ne leur appartient pas.

COMMENT PROTÉGER VOS INFORMATIONS ?

Pour préserver vos informations, il est en premier lieu primordial d'identifier de manière formelle toutes les informations à protéger, tout en gardant à l'esprit qu'elles ne pourront pas toutes bénéficier du même degré de confidentialité.

De manière concomitante, il est essentiel de sensibiliser et former le plus grand nombre aux moyens à mettre en œuvre pour protéger l'information de l'entreprise (discrétion, respect des règles de sûreté, etc.).

Protéger des informations implique également de mettre en œuvre des procédures et consignes, mais aussi des moyens matériels. Il peut s'agir de la mise en place de broyeurs de documents, de moyens de télésurveillance et de contrôle d'accès, de cryptographie ou encore de recherches systématiques de moyens d'écoute avant les réunions stratégiques, etc.

Le simple fait d'avoir conscience que les informations sont des biens sensibles contribue déjà à élever le niveau de protection de l'information. D'une manière générale, la protection de l'information dépasse de très loin le fait de sensibiliser des salariés ou de mettre en œuvre une procédure ou des moyens matériels. La protection de l'information doit faire partie intégrante de la stratégie de l'entreprise, car sans réelle culture de protection de l'information, les stratégies qui pourront être mises en œuvre seront toujours boiteuses.

Dans une économie hyperconcurrentielle, les tout premiers objectifs de vos concurrents sont de vivre, pour certains de survivre, de gagner des parts de marché et d'être rentables. Pour ce faire, vos concurrents, qu'ils soient privés ou étatiques, vous étudieront et chercheront à comprendre vos objectifs, vos stratégies et vos tactiques. Certains n'hésiteront pas un seul instant à prendre des raccourcis en bafouant allègrement et sans aucune vergogne tous les fondamentaux déontologiques ou de droit.

Protéger l'information, c'est aussi l'art de trouver un juste équilibre entre les informations que l'entreprise est prête à distiller et la désinformation à mettre en œuvre pour conserver en permanence une longueur d'avance.

TROIS NIVEAUX DE SENSIBILITÉ

L'on classe les informations selon trois niveaux de sensibilité.

Les informations blanches ou ouvertes
Celles-ci sont librement disponibles sur les sites Internet ou au travers des documentations commerciales.

Les informations grises ou semi-ouvertes ou semi-fermées
Ces dernières sont confidentielles ou pour le moins contribuent à la mise en œuvre de la stratégie de l'entreprise. Ces informations peuvent être captées par des tiers, sans pour autant que ces derniers utilisent des moyens forcément offensifs et par conséquent illégaux. En l'espèce, des collaborateurs travaillant sur une présentation stratégique dans le TGV ou dans l'avion feront très bien l'affaire. Il en sera de même pour des personnes se répandant sur les réseaux sociaux, dans des lieux publics ou au cours de conversations avec des individus rencontrés « fortuitement ».

Les informations noires ou fermées
Celles-ci sont stratégiques pour le développement, voire la pérennité de l'entreprise. La captation de ces informations se fera dans la plupart des cas par des moyens illégaux allant de la pose d'écoute, en passant par le cambriolage ou le chantage, à moins que les détenteurs de ces informations stratégiques ne soient suffisamment naïfs pour aborder de tels sujets dans des lieux inopportuns ou que de telles informations ne soient égarées « par inadvertance ».

Face aux risques encourus, rares sont les entreprises qui s'aventurent directement dans la traque d'informations grises ou noires. Pour ce faire, elles font appel à des officines spécialisées qui pour certaines d'entre elles entretiennent des liens très étroits avec des services de renseignements étatiques.

Nombreux sont aujourd'hui les services étatiques qui œuvrent dans l'ombre pour permettre à leurs fleurons industriels du secteur privé ou public de conserver leur place sur des marchés hyperconcurrentiels.

L'économie est au cœur d'une guerre sans missile, sans fantassin, sans prisonnier, et pourtant nombreuses sont les victimes.

" LA VALEUR D'UN GÉNÉRAL
RÉSIDE DANS SA STRATÉGIE
ET NON DANS SON COURAGE "

Proverbe chinois

De la nécessité de
BÂTIR UNE STRATÉGIE DE SÛRETÉ

Pour exister et croître, l'entreprise s'articule obligatoirement autour de composantes comme les finances, le marketing et le commerce, la gestion des ressources humaines ou encore la recherche et le développement. Chacune de ces composantes est stratégique du fait de ses interactions avec les autres et a pour principal objectif de créer et/ou développer l'entreprise.

Parmi ces composantes, la sûreté tient une place majeure, même si certains pourraient penser que la sûreté ne fait pas partie des composantes stratégiques de l'entreprise, étant entendu qu'elle n'est pas source de création de valeur. Pourtant, en raison de sa finalité qui est de protéger l'entreprise contre toutes les formes d'actions malveillantes, celle-ci est toutefois garante de la protection de l'ensemble des sources de création de valeur de l'entreprise.

L'entreprise est un écosystème qui prend vie et se développe autour d'interactions entre des prospects, des clients, des fournisseurs, des sous-traitants, une législation qui peut être mouvante, des contraintes de temps ou budgétaires, des illusions et désillusions, des actionnaires qui peuvent en demander toujours plus, et de nombreuses autres situations.

Comme dans tout domaine stratégique, il ne suffit pas de prendre conscience d'une problématique donnée afin d'obtenir un résultat, il s'agit plutôt de structurer une démarche.

VISION, CHARTE ET POLITIQUE SÛRETÉ

Structurer une démarche en matière de sûreté doit impérativement reposer sur deux fondamentaux incontournables.

Le tout premier consiste pour le comité de direction à déterminer de manière extrêmement claire les objectifs à atteindre. Ces objectifs doivent être définis au travers de processus, lesquels fixent les objectifs, les moyens d'évaluation et les ressources pour les atteindre. De plus et de manière régulière, ces processus doivent faire l'objet de révision lors des comités de direction afin, entre autres, de réorienter si nécessaire les objectifs préalablement donnés.

Le second consiste à diffuser le plus largement possible la vision, la charte ainsi que la politique sûreté de l'entreprise.

Sans **vision,** il n'y a pas de stratégie qui puisse tenir, car c'est cette vision qui impulsera l'orientation à donner à toute politique en matière de sûreté. Les fondamentaux de cette vision peuvent être les suivants : « L'entreprise X s'engage à tout mettre en œuvre afin de protéger les personnes et les biens matériels et immatériels contre toutes les formes d'actions malveillantes. » Une telle vision doit émaner du comité de direction et être diffusée le plus largement au sein de l'entreprise. Pour un domaine aussi sensible, il appartient au comité de direction de donner de manière très simple une impulsion qui n'en soit pas moins forte et lourde de sens.

La **charte sûreté** revêt quant à elle une importance toute particulière, dans la mesure où son principal objectif est d'exprimer de manière extrêmement claire les missions, et notamment les grandes règles qui devront être respectées.

La charte sûreté doit être signée idéalement par le directeur général de l'entreprise, avec pour objectif de fixer un cap, mais également de souligner l'implication du signataire dans ce domaine. Une telle charte doit être diffusée à tous les collaborateurs et être affichée en bonne place dans l'ensemble des emprises de l'entreprise.

La charte sûreté est en lien direct avec la **politique sûreté.** Cette dernière vise pour sa part à définir de manière très précise les parties prenantes en matière de sûreté, les principales mesures mises en œuvre, mais aussi les obligations de tous les collaborateurs.

Toutefois, une vision, une charte ainsi qu'une politique sûreté ne sont qu'une vaste illusion si aucune capacité stratégique n'est disponible pour mettre en œuvre la stratégie souhaitée.

LES CAPACITÉS STRATÉGIQUES

Les capacités stratégiques sont l'essence même de toute stratégie. En effet, sans capacité, ou si celles-ci sont insuffisantes, les personnes en charge de la mise en œuvre de la stratégie ne pourront en aucun cas atteindre leurs objectifs ou pour le moins pas de manière satisfaisante.

Les capacités stratégiques sont composées en tout premier lieu par les personnes en charge de mettre en place la stratégie, puis par les budgets de charges et d'investissements.

DISSUASION, FACILITATION ET COÛT

Enfin, une stratégie de sûreté générale doit prendre forme sur un triptyque composé de la dissuasion, de la facilitation et du coût.

La **dissuasion** doit être réelle afin de freiner et repousser d'éventuels assaillants en lien direct avec les risques et menaces qui pèsent sur l'entreprise.

La **facilitation** quant à elle doit être effective afin de permettre aux parties prenantes de ne pas subir la sûreté et leurs effets. Ce point est extrêmement important, car en l'espèce, il est primordial de ne jamais perdre de vue que les collaborateurs de l'entreprise, les fournisseurs et les sous-traitants ont quotidiennement des missions à réaliser et que pour ce faire ils ne peuvent pas être freinés. Si tel venait à être le cas, la sûreté ne pourra pas être l'affaire de tous. En entreprise, bien que présente, la sûreté doit en situation normale être le plus indolore possible pour l'ensemble des collaborateurs.

Enfin, les **coûts** de mise en œuvre doivent être réalistes et constamment en adéquation avec les risques et menaces identifiés. Comme bien souvent en matière de stratégie, l'objectif est de trouver un juste équilibre entre les moyens à déployer et leurs coûts de mise en œuvre. Sauf rares exceptions, la bunkérisation ne sera pas une option.

COMPRÉHENSION ET ADHÉSION

Le cœur d'une stratégie de sûreté est aussi de savoir convaincre toutes les parties prenantes du bien-fondé des mesures qui doivent être mises en œuvre pour protéger les personnes et les biens de l'entreprise.
En l'espèce, la compréhension et l'adhésion de tous les collaborateurs

à la politique sûreté sont essentielles, sans quoi les résultats ne pourront en aucun cas être à la hauteur des attentes.

" LA PEUR ENGENDRE
LE BESOIN DE SÉCURITÉ,
CELLE-CI ÉTANT À SON TOUR
UNE DES CONDITIONS
DU BONHEUR "

Jean DELUMEAU

De la nécessité de
RENFORCER LE
SENTIMENT DE SÉCURITÉ

Le genre humain (à de très rares exceptions près) a une aversion pour l'insécurité, et ce quelle que soit la catégorie socioprofessionnelle des individus.

En l'espèce, toute la difficulté réside dans le fait que les êtres humains, du fait de leur propre personnalité, de leur histoire, de leur éducation, ne ressentiront pas de la même façon les situations qu'ils rencontrent. Une personne n'attachera aucune importance à des tags ou à une odeur d'urine dans un parking alors que, pour une autre, une telle situation sera insupportable et angoissante. Un autre individu n'attachera aucune importance à la politesse des agents de sécurité alors que, pour un autre, un tel comportement sera la marque d'un manque flagrant de professionnalisme.

UN BESOIN PRIMAIRE

Nombreux sont les salariés dans les établissements ouverts au public qui vivent avec ce sentiment d'insécurité au travers de violences physiques ou verbales dont ils peuvent être les cibles, et pour certains de manière quotidienne. De tels actes ont bien entendu des répercussions très importantes sur le plan psychologique de ces victimes, car il s'agit bien en l'espèce de victimes, et cela même si les violences ne sont que verbales.

Se rendre à son travail avec « la peur au ventre » est inacceptable. De même qu'il est inacceptable que des clients puissent ressentir de telles sensations. Toutefois, la différence entre un salarié et un client, d'un centre commercial par exemple, est de taille, dans la mesure où le client a la possibilité de ne plus revenir alors que le salarié devra quant à lui continuer à prendre son poste jour après jour.

D'une manière ou d'une autre, tous les clients ressentent un besoin de sécurité qui pourra se matérialiser au travers de la propreté du site, de la qualité de l'éclairage, de la tenue des agents de sécurité ou bien encore par la visibilité des moyens de protection.

LA MULTIPLICATION DES SIGNAUX

C'est en fait la multiplication de signaux forts et faibles qui va générer chez le client, mais aussi chez les salariés, ce sentiment de sécurité ou d'insécurité. Ces sentiments seront d'autant plus renforcés que les clients n'ont de cesse de comparer les situations qu'ils rencontrent, de manière consciente et inconsciente.

Un agent de sécurité qui dit bonjour, au revoir, bonne journée, sera remarqué, car cela n'est malheureusement pas la norme, bien au contraire. Des poteaux de couleur supportant des caméras de vidéosurveillance le seront aussi.

Paradoxalement, si tous les clients ont un besoin de sécurité, il ne faut pas pour autant que les moyens humains, matériels, organisationnels soient anxiogènes. Si, en « période d'accalmie », les clients souhaitent la présence de sécurité, ils veulent aussi qu'elle soit la plus « discrète » possible. À l'inverse, en période de crise et notamment post-attentat, ces mêmes clients/citoyens attendent des démonstrations de force, car, pour eux, ce qui ne se voit pas n'existe pas.

UNE ATTENTE TRÈS FORTE

Les salariés qui, d'une manière ou d'une autre, sont exposés à des risques attendent plus de sûreté afin de voir croître leur sentiment de sécurité. Ce dernier est extrêmement important pour le rayonnement même de l'entreprise et pour le climat social, car l'engagement des décideurs sur de tels sujets sera toujours remarqué et bien entendu apprécié.

Il faut bien garder à l'esprit que tous les salariés sont parfaitement conscients que leur vie professionnelle ne sera pas de tout repos et qu'ils connaîtront des restructurations, des coupes budgétaires les empêchant de mener leurs projets dans de parfaites conditions. Toutefois, les salariés attendent de leur entreprise que tout soit mis en œuvre pour protéger leur intégrité physique et psychologique, et ce contre toutes les formes d'actions malveillantes ou accidentelles qui pourraient d'une manière ou d'une autre les atteindre.

Si nous savons parfaitement que le risque zéro en sûreté et sécurité n'existe pas, les salariés ont tout naturellement une vision différente et attendent de leur employeur que ce risque zéro fasse partie de leur quotidien.

" IL NE PEUT PAS Y AVOIR DE CRISE
LA SEMAINE PROCHAINE :
MON AGENDA EST DÉJÀ PLEIN "

Henri KISSINGER

12

De la nécessité de
SE PRÉPARER
À GÉRER UNE CRISE

Par définition, la crise est imprévisible et lorsqu'elle se matérialise, elle est généralement source de stress, d'émotions et de désorganisation, avec des impacts pouvant mettre en péril la réputation, voire la pérennité même de l'entreprise.

Dans une telle situation, l'entreprise victime doit être en mesure de fournir immédiatement des réponses adaptées et justement calibrées en fonction de la typologie de la crise.

Aucun dirigeant ne souhaite être confronté à une crise à tel point qu'en parler peut, pour certains, être un sujet tabou.

L'IMPRÉVISIBLE CRISE

Toutes les crises sont brutales et soudaines. Et s'il est possible de les anticiper, il est très difficile d'imaginer leurs impacts directs et indirects. Une crise qui n'est pas appréhendée avec beaucoup d'humilité et de méthodologie peut causer des dommages irréversibles pouvant entraîner la disparition pure et simple de l'entreprise.

Les crises sont sous-jacentes, tapies dans l'ombre, prêtes à surgir à tout moment et peuvent avoir plusieurs visages : elles peuvent être financières et systémiques, elles peuvent être la résultante d'un incident, d'un accident, d'une parole malheureuse ou d'actions malveillantes. Elles peuvent être aussi sanitaires ou alimentaires, météorologiques ou telluriques.

Les crises peuvent sans aucune distinction atteindre tous les secteurs de l'économie, les très petites sociétés comme les plus puissantes.

Le monde de l'entreprise est tout particulièrement sujet aux crises. L'affaire Kerviel à la Société Générale, la crise de la vache folle qui a impacté une filière entière, la crise de BP après l'explosion de sa plateforme Deepwater Horizon en 2010 ne sont que quelques exemples parmi beaucoup d'autres qui ont fait vaciller des entreprises et secteurs extrêmement puissants.

À l'inverse, le décès tragique du président du groupe Total, Christophe de Margerie, le 20 octobre 2014 à Moscou, aurait pu entraîner une chute vertigineuse du cours de l'action de la multinationale. Il n'en a rien été. Le groupe a fait preuve d'une réactivité exemplaire dans sa communication et dans l'accompagnement de ses collaborateurs et a su démontrer aux « marchés » que ce terrible accident ne l'affaiblirait pas. Les nominations le 21 octobre de Thierry Desmarest, figure emblématique du groupe pétrolier, en qualité de président non exécutif, et de Patrick Pouyanné, en tant que directeur général, ont rassuré les marchés.

L'IMPROVISATION N'A PAS SA PLACE

Faire face à une crise, quelle que soit son intensité, ne s'improvise pas. Telle une nouvelle « partie » qui s'engage, chacune des personnes qui auront la charge de gérer ce type de situation doit connaître parfaitement son rôle et les missions qui lui seront affectées. Une crise est stressante, pesante et il est par conséquent plus que nécessaire que les différentes actions mises en œuvre soient fluides.

Face à une crise qui pourra surgir de jour comme de nuit, en semaine ou le week-end, il ne sera plus temps de se poser la question de qui prendra la parole, du lieu où les points presse seront organisés, de la stratégie de communication en interne et en externe, ou de se lancer dans de vastes débats pour savoir s'il faut adopter telle ou telle stratégie face aux autorités et aux différents publics concernés.

Le tout premier rempart contre une crise est d'être en mesure d'avoir une capacité de réaction instantanée, une capacité à avoir pu imaginer l'inimaginable, mais aussi une capacité de sentir et ressentir les choses et de replacer les événements dans leur contexte.

L'objectif est de circonscrire le plus rapidement possible la crise afin d'éviter qu'elle ne se propage et ne prenne une envergure totalement incontrôlable.

Dans un contexte où les enjeux peuvent être colossaux, il faut également bien veiller à ne pas jouer aux apprentis sorciers en imaginant des scénarios de sortie de crise abracadabrantesques.

LA GESTION DE CRISE : UN EXERCICE PÉRILLEUX

Appréhender une crise dans chacune de ses phases est un exercice très périlleux, car vous pouvez à tout moment par vos actions lui donner un second souffle.

De plus, selon la loi de Murphy, il est très probable que « tout ce qui est susceptible d'aller mal, ira mal ».

Une crise peut aussi en cacher une autre, notre attention étant tellement attirée par ce qui se déroule sous nos yeux que nous ne sommes même plus vigilants à l'évolution de notre environnement.

Les parties prenantes et les observateurs veulent voir et surtout ressentir de l'humilité et de l'honnêteté de la part des dirigeants et des communicants de la société qui évoluent dans l'œil du cyclone. Dans bien des cas, il est absolument improductif d'essayer de se déresponsabiliser en essayant de faire porter le « chapeau » à un tiers ou de minimiser la situation qui manifestement ne peut pas l'être. Dans de telles circonstances, il ne faut en aucun cas que des tiers puissent imaginer que vous essayez d'étouffer purement et simplement la crise sans quoi le retour de flamme sera d'autant plus violent.

Enfin, en période de crise et dans un monde des affaires hyperconcurrentiel, vous serez en droit de vous demander d'où viennent réellement les coups les plus bas qui vous seront portés. À de rares exceptions près, vos concurrents ne se bousculeront pas pour vous apporter leur soutien et plus encore leur assistance.

SE PRÉPARER AVEC MÉTHODE

Malgré toutes les mesures qui doivent être déployées pour vous prémunir des risques que vous aurez pu identifier, vous devez bien être conscient que ces risques pourront malgré tout se transformer en crise un jour ou l'autre.

Le terme de crise peut faire peur. Une crise non maîtrisée est encore bien plus effrayante.

L'anticipation d'une crise passe aussi par une préparation de tous les membres de la cellule de crise. Les options de préparation sont nombreuses. La mise en œuvre de procédures, l'équipement d'infrastructures dédiées ou encore la constitution d'équipes spécialisées sont autant d'étapes essentielles à l'anticipation de la gestion de crise.

S'EXERCER AVEC CONSTANCE

L'unique moyen de s'assurer du bon fonctionnement de votre dispositif de gestion de crise est de le mettre à l'épreuve dans des conditions proches du réel. À cet égard, la simulation est l'outil le plus efficace pour évaluer le niveau de préparation d'un organisme à affronter une crise.

L'organisation d'exercices de simulation de crise couvre plusieurs objectifs.

En premier lieu, elle met en évidence les dysfonctionnements du dispositif théorique. Ce dernier, bien que généralement conçu pour faire face à divers scénarios identifiés, est confronté pendant la simulation à des situations extrêmes, dans la lignée des tests de résistance pratiqués dans l'industrie pour s'assurer de la viabilité et la durabilité d'équipements et de systèmes. Les manquements opérationnels, matériels ou encore humains mis au jour peuvent ainsi être corrigés pour atteindre un degré supérieur d'efficacité.

Pour ce faire, les exercices de simulation de crise s'articulent généralement autour de scénarios délibérément outranciers mais relevant toujours du possible, bien que les enchaînements d'événements soient improbables mais destinés à pousser les dispositifs dans leurs derniers retranchements. Ils cherchent surtout à mettre en évidence le fait que la bonne gestion d'une crise repose avant tout sur l'adaptation d'un dispositif à une situation fluctuante qui échappe souvent à tout contrôle.

Mais au-delà du test de résistance des dispositifs, la simulation de crise offre l'opportunité aux acteurs impliqués de commettre des erreurs, luxe auquel ils n'auront pas droit lorsqu'ils feront face à une situation réelle.

Les exercices de simulation de crise permettent ainsi d'expérimenter, d'oser, de faire preuve d'inventivité tout en respectant le cadre général défini et, ce faisant, de mettre en lumière des solutions innovantes vis-à-vis des problématiques rencontrées.

L'emploi du terme « résistance » n'est pas anodin, car la gestion d'une crise peut s'apparenter à un marathon pour les personnes associées au processus. À cet égard, l'objectif des simulations est de faire prendre conscience aux membres des cellules de crise que l'exercice requiert un engagement physique et mental total ; un aspect que les parties prenantes négligent trop souvent.

De même, alors que la plupart des organisations qui se préparent à la crise disposent d'équipes ad hoc, ce type d'exercice de simulation permet aux membres de la cellule de crise d'endosser un rôle auquel ils ne sont pas habitués. Les simulations sont ainsi révélatrices des forces et faiblesses de chaque acteur qui, dans la plupart des cas, se transcende et acquiert un surcroît de confiance.

Et ce qui est valable pour les individus l'est aussi pour le groupe ; les exercices de simulation de crise jouent ainsi un véritable rôle de team building en ce qu'ils créent une réelle cohésion entre les acteurs d'une cellule.

En résumé, si la simulation de crise doit faire partie intégrante de toute stratégie de gestion de crise, sa portée va bien au-delà. En se confrontant à une adversité contrôlée, l'organisation se prépare à affronter la tempête, mais gagne également en efficacité et sérénité par temps calme.

" LORSQUE DEUX FORCES
SONT JOINTES,
LEUR EFFICACITÉ EST DOUBLE "

Isaac NEWTON

13

De la nécessité de
FAIRE NAÎTRE UNE
CULTURE DE LA SÛRETÉ

Une organisation devient forte et agile lorsque ses dirigeants ont compris toute l'importance de développer et de faire adhérer le plus grand nombre de ses collaborateurs à la vision du groupe et à la stratégie qui sera mise en œuvre afin d'atteindre les différents objectifs fixés.

Pour ce faire, il est tout simplement primordial que les dirigeants développent au sein de l'entreprise une véritable culture. Celle-ci a pour but non seulement d'expliquer la vision et la stratégie au plus grand nombre, mais aussi de créer un élan et une pro-activité des collaborateurs.

ENSEMBLE

Une stratégie gagnante est toujours le fruit d'une collaboration étroite et complice entre les dirigeants de l'entreprise et l'ensemble des salariés, car, pour avancer dans une direction, les salariés ont besoin d'intégrer le pourquoi et le comment.

Quelle que soit la finesse de la stratégie envisagée, celle-ci ne pourra aboutir que si les dirigeants ont su fédérer l'ensemble des salariés autour de valeurs telles que l'engagement, l'honnêteté, la créativité, l'inhibition, le courage, la bienveillance, l'ensemble créant alors la culture de l'entreprise.

En matière de sécurité, au sens très large de l'appellation, les choses ne sont pas différentes. Afin que chacun devienne acteur du processus, l'entreprise doit mobiliser l'ensemble de ses collaborateurs pour créer une véritable culture de la sûreté/sécurité.

DE LA PÉDAGOGIE, ENCORE ET ENCORE

Aborder des thématiques telles que les risques, les menaces et la sûreté en général auprès d'un public non averti est un exercice difficile, puisque la plupart des personnes auront une forme de curiosité, mais aussi une aversion vis-à-vis de tels sujets. Pour beaucoup, un risque dont on ne parle pas est un risque qui n'existe pas ou qui pour le moins perd en intensité.

Dans notre culture latine, nombreux sont ceux qui préfèrent vivre dans l'illusion plutôt que de regarder un risque en face et de prendre en conséquence toutes les mesures de prévention et de protection qui s'imposent afin de pouvoir le gérer.

Le risque qu'un accident nucléaire ait lieu en France ou en Europe, le risque d'un krach boursier majeur et dont les conséquences seraient semblables à celui de 1929 ou peut-être bien pires, le risque d'une crise sanitaire de grande ampleur sont autant de situations que nous verrons surgir ou ressurgir à un moment ou à un autre.

L'INCONSTANCE DU RISQUE

Un risque est vivant. Il évolue, s'adapte et profite des moindres failles pour prendre forme et déployer ses ailes au « moment opportun ». Et lorsqu'il finit par se matérialiser, nombreux sont les observateurs qui s'étonnent de sa violence, de son apparition soudaine, du manque d'analyse, de l'absence de moyens déployés pour y faire face.

S'agissant des risques malveillants, la problématique est encore plus complexe, du fait que l'homme qui agit de manière volontaire peut être maléfique et extrêmement violent, dépassant de loin tout raisonnement « logique ». En matière de malveillance, la « logique » n'a pas sa place, car celles et ceux qui cherchent à atteindre un objectif mettront tout en œuvre pour contourner « la logique » de ceux qui sont chargés de dresser des parades.

UNE MÊME GRILLE DE LECTURE

Développer une culture de la sûreté implique que le plus grand nombre soit sensibilisé et formé de manière continue aux mesures de sûreté à mettre en œuvre de manière permanente.

Pour être efficace, une telle approche ne peut pas se fonder uniquement sur des campagnes de sensibilisation sporadiques, mais bel et bien sur la création d'une véritable culture, et ce à tous les niveaux de la société. Développer une culture de la sûreté dans une entreprise ou un pays est avant toute chose une affaire de volonté, de pédagogie et, tout particulièrement, de communication.

Une telle démarche ne peut que consister à former et informer le plus grand nombre afin que chacun devienne acteur de la sécurité de l'ensemble.

En matière de sûreté/sécurité, l'inaction, le manque d'anticipation, le manque d'analyse, les sur-réactions et le manque de formation sont véritablement problématiques.

Plus que jamais, il est essentiel de dispenser aux collaborateurs ou citoyens une véritable culture du risque et de la sécurité afin que chacun ait une même grille de lecture. Il ne peut plus y avoir les acteurs d'un côté et les spectateurs de l'autre. Chacun, à son niveau, a un rôle à jouer.

Enfin, la culture de la sûreté n'a rien à voir avec une « culture de la peur » visant à brider les libertés. Bien au contraire, la culture de la sûreté doit être vue comme une approche essentielle afin de nous préparer à faire face à toutes les formes de risques ou de menaces qui finiront invariablement par se matérialiser à un moment ou à un autre.

C'est pendant que la mer est encore calme qu'il faut se préparer à affronter les tempêtes ; une fois pris dans le déluge, il sera trop tard.

" L'ÉMOTION NOUS ÉGARE :
C'EST SON PRINCIPAL MÉRITE "

Oscar WILDE

14

De la nécessité de
NE PAS ÊTRE
DANS L'ÉMOTION

L'émotion est toujours très mauvaise conseillère en matière de sûreté, car elle peut rapidement être une source d'égarement ou d'aveuglement.

Bien naturellement, face à l'horreur d'une action terroriste, nombreuses sont les personnalités politiques qui veulent apporter leur pierre à l'édifice sécuritaire, si important pour nos concitoyens et nos entreprises ; nombreux aussi sont celles et ceux qui voudraient voir de nouvelles mesures mises en place pour empêcher que de tels actes de barbarie ne se reproduisent un jour.

Toutefois, dans un tel émoi, très peu de personnes s'interrogent véritablement sur le fait de savoir, d'une part, si ces mesures permettront de rehausser réellement le niveau de sûreté et, d'autre part, si les mesures proposées sont réalisables et viables sur le long terme.

Si la plupart de nos concitoyens sont aujourd'hui parfaitement conscients que le risque zéro n'existe pas, il ne faut surtout pas leur laisser penser que telle ou telle mesure de sûreté permettrait de s'en approcher.

RATIONALITÉ ET PRAGMATISME

En matière de gestion des risques et menaces, il est avant tout primordial de se poser les bonnes questions, et ce de manière très rationnelle :

- Les mesures que je vais mettre en œuvre permettront-elles de réduire considérablement, voire annihiler, les risques et menaces ?
- Les mesures envisagées peuvent-elles être mises en œuvre dans un délai rapide ?
- Les coûts financiers de leur déploiement sont-ils supportables à court, moyen et long terme ?
- Les risques et menaces identifiés ne peuvent-ils pas se déporter sur une ou plusieurs autres cibles ?
- Les mesures instaurées auront-elles des impacts importants

sur la gestion des flux humains, de produits, de marchandises, etc. ?

- Les moyens matériels et humains envisagés sont-ils « disponibles » afin de répondre à mes besoins ?
- Etc.

Prenons l'exemple avancé par certains hommes politiques concernant l'installation dans les écoles de portiques de détection de masse métallique que nous nommerons portiques de sécurité.

Si la protection de nos enfants est sans aucun doute la priorité de tous les parents, il est primordial d'être très pragmatique et de s'interroger : un tel dispositif permettra-t-il d'accroître de manière importante la sécurité de nos écoles et par conséquent celle de nos enfants ?

La réponse est non, pour plusieurs raisons. D'une part, ce n'est pas l'installation de portiques de sécurité qui permettra de stopper dans un établissement scolaire la progression de terroristes prêts à abattre tous ceux qui se mettraient sur leur route. D'autre part, ce n'est pas la présence de portiques qui empêchera des terroristes d'agir depuis l'extérieur de l'établissement au moment des heures d'entrée et de sortie des écoles. Ce n'est pas non plus la présence de portiques qui empêchera des terroristes de s'engouffrer dans des bus de ramassage scolaire, des piscines municipales ou lors de sorties scolaires.

En lien direct et indirect avec de telles installations, les questions suivantes devraient également être posées :

- Qui serait en charge d'assurer les contrôles sur les plans techniques, les inspections filtrages ? Les personnels enseignants, les personnels administratifs, des agents de sécurité ?
- Quelles seraient les modalités de formation de ces personnes ?
- Quelles seraient les modalités d'entretien et de back-up de ces matériels ?
- Quelles seraient les procédures et consignes en cas de détection de masse métallique ?
- Quelles mesures seraient prises afin de contrôler la moralité de

tous les fournisseurs et intervenants au sein des établissements scolaires ou des crèches ?
- Quel budget serait nécessaire et pour quel résultat concret ?

Mais aussi, et parmi beaucoup d'autres questions, quelles mesures seraient prises pour sécuriser les hôpitaux, les clubs de vacances, les centres commerciaux, les stations-service, les métros, les gares… ?

Sans compter que pour être véritablement efficace, la sécurisation des « espaces publics » au sens large doit être uniforme sur l'ensemble du territoire, à savoir sur les 36 000 communes. En effet, il ne saurait être question que de grandes villes puissent prendre des mesures alors que d'autres seraient totalement démunies faute de budget, étant entendu que les terroristes cherchent principalement à frapper les zones les moins protégées.

Dans le cas qui nous intéresse, la protection de 12 300 000 élèves et de 64 000 écoles et établissements du second degré n'est et ne serait pas une démarche aisée. C'est notamment pour cela que les mesures de sûreté proposées doivent être réalistes.

NE PAS REPRODUIRE LES MÊMES ERREURS

Aujourd'hui, le seul objectif doit être de s'assurer que nous ne reproduirons pas les mêmes erreurs et, surtout, que nous saurons agir avec rapidité et efficacité. Car, dans cette lutte contre la barbarie, nous avons un ennemi de taille : le temps.

Pour garantir la sécurité intérieure de notre pays, nous devons plus que jamais être conscients que les hommes doivent constituer le cœur du dispositif. Néanmoins, il serait totalement illusoire de penser que ces femmes et hommes déployés par les ministères de l'Intérieur et de la Défense seront efficients, sans préalablement s'assurer que leurs compétences sont correctement utilisées.

De même, en matière de sécurité des entreprises, les moyens humains déployés sur le terrain n'apporteront qu'une réponse parcellaire à la problématique de protection contre les actions violentes de haute intensité si les agents de sécurité ne sont pas armés afin d'être en mesure de stopper ou de « fixer » des agresseurs.

S'il est primordial que des agents de sécurité puissent gérer les flux humains dans les lieux recevant du public (ouverture des sacs, palpations, surveillance vidéo), il est totalement illusoire de renforcer les dispositifs outre mesure dans les zones administratives des entreprises.

En effet, la présence d'un ou de plusieurs agents de sécurité n'empêchera en rien des acteurs malveillants de mener à bien leur « mission » si telle est leur volonté. L'aspect « dissuasif » n'aura aucun effet face à des personnes ayant développé une telle haine de l'autre. En l'espèce, la présence d'agents de sécurité (non armés) ne constituera pour des terroristes qu'un « petit obstacle », mais en aucun cas un frein.

NE PAS TOMBER DANS LA SURENCHÈRE

Si l'émotion est mauvaise conseillère, c'est également le cas de la surenchère.

Sécuriser une gare, une école, une université, ou tout autre lieu public, ou bien encore une entreprise ne peut en aucun cas prendre forme au travers de « surenchères » dans le seul but de « rassurer » une population ou des collaborateurs.

Toutes les mesures de sûreté prises doivent être efficaces face aux menaces identifiées, car les agresseurs chercheront et trouveront de manière systématique le/les points vulnérables afin de frapper.

Cette guerre contre la haine, la malveillance sous toutes ses formes sera sans nul doute longue, très longue, voire interminable. Ce n'est qu'en changeant nos approches stratégiques et tactiques en matière de sécurité/sûreté que nous pourrons envisager de protéger efficacement notre territoire et nos concitoyens.

" CELUI QUI DÉPLACE
UNE MONTAGNE COMMENCE
PAR DÉPLACER
DE PETITES PIERRES "

Confucius

De la nécessité de
FAIRE DES CHOIX

Notre société dans son ensemble n'existe ou périt qu'au travers des choix qui sont faits. Ces choix conduisent à des victoires, à des défaites, à des remises en question, à des changements de stratégie.

Faire des choix éclairés implique d'être informé et de regarder l'environnement dans lequel on évolue avec objectivité et neutralité. Faire des choix, c'est également assumer pleinement ses responsabilités, ses décisions, en âme et conscience. Enfin, faire des choix, ce n'est pas essayer de se cacher derrière son petit doigt que l'on pourrait nommer déni.

ÉCARTER TOUTE PASSION

Bien plus que pour d'autres domaines de l'entreprise, les questions de sûreté reposent sur des questions de choix impulsés par celles et ceux qui la dirigent.

Ces choix sont multiples et, pour y faire face, il importe d'être en capacité d'analyser de manière totalement dépassionnée les situations qui se présentent, étant donné que la passion finit toujours par aveugler. Il ne s'agit pas non plus de chercher à plaire et de dire ce que le plus grand nombre estime comme étant la vérité. Pour éviter ce type de situation, toutes les analyses qui entraînent des actions ne doivent se fonder que sur des éléments factuels, avec pour seul but de protéger au mieux les personnes et les biens.

Pour qu'un dirigeant puisse répondre de manière très pragmatique et sans passion aux sujets sûreté, il ne doit se poser qu'une seule question : la sûreté fait-elle partie de la chaîne de valeur de l'entreprise et par conséquent de ses domaines d'activité stratégiques ?

TROUVER LE CHEF D'ORCHESTRE

Si la sûreté est effectivement un des maillons de la chaîne de valeur de l'entreprise, il s'agira alors d'identifier en interne ou en externe celui qui devra écrire cette fameuse partition que nous avons déjà mentionnée.

Toutefois, n'attendez pas que ce chef d'orchestre puisse écrire d'un seul trait un opéra de qualité, car il est peu probable que le résultat soit alors à la hauteur des attentes des parties prenantes.

Pour atteindre les objectifs qui lui sont confiés, ce chef d'orchestre devra bâtir une stratégie et avoir à sa disposition des moyens, à savoir un budget de charges et d'investissements adapté aux enjeux. Inutile de préciser que sans réels moyens, il est illusoire d'attendre le moindre résultat, sinon peut-être celui de s'être donné la « bonne conscience » d'avoir nommé un chef d'orchestre.

UN RATTACHEMENT STRATÉGIQUE

La question du rattachement hiérarchique doit également être posée. La réponse est là aussi relativement simple.

Soit la sûreté est considérée comme étant un facteur clef de succès incontournable par le comité de direction et auquel cas la personne en charge de ces missions est rattachée directement au plus haut niveau, c'est-à-dire le président ou le directeur général. Ou bien cela n'est pas le cas et le rattachement n'aura finalement que très peu d'importance.

Il peut être souligné qu'un rattachement au plus haut niveau de l'entreprise enverra de manière directe un message extrêmement clair à tous les collaborateurs de l'entreprise, à savoir : « Votre sûreté et celle de l'entreprise ont de l'importance à nos yeux ».

DÉFINIR LES PRIORITÉS

Viendra alors la question du choix des actions à mettre en œuvre.

Comme cela est facilement imaginable, il est impossible d'atteindre un niveau de sûreté de 100 %, ce qui, dans les faits, amènerait les risques à un niveau proche de zéro. Dans ce contexte, tous les choix doivent être faits en fonction du niveau de criticité des risques identifiés.

Une fois une ligne directrice bien claire et des moyens à disposition, il ne restera plus au chef d'orchestre qu'à battre la mesure avec brio.

Si les résultats ne sont pas à la hauteur des attentes, il lui faudra alors recommencer en sachant se remettre en question et si nécessaire en redessinant la stratégie et les tactiques mises en œuvre. Rappelons qu'une stratégie, pour être efficace, se doit obligatoirement d'être à géométrie variable.

Enfin, pour s'assurer que les résultats sont bien au niveau de ceux fixés par le comité de direction, il sera alors important de contrôler régulièrement et de manière impartiale la pertinence des actions mises en œuvre.

SÛRETÉ EN ENTREPRISE OU ÉTATIQUE, MÊME COMBAT

Si un tel schéma est valable pour une entreprise, il l'est aussi pour les organes de sécurité étatique. Un chef de gouvernement et ses ministres de l'Intérieur et de la Défense, qui du fait de leurs fonctions sont en charge de la sécurité de leurs concitoyens, se posent de manière permanente les questions suivantes :

- Prenons-nous bien en compte toutes les menaces ?
- Les chiffres concernant la sécurité baissent-ils de manière continue ?
- Les personnes en charge des missions de sécurité ont-elles les moyens d'effectuer leurs missions dans de parfaites conditions ?
- L'organisation des services est-elle optimale ou est-il possible de l'améliorer, voire de la transformer ?
- Sur le territoire, existe-t-il des zones de non-droit ? Si oui, comment les reconquérir ?
- Comparé à d'autres États de même envergure, le rapport moyens engagés / résultats est-il meilleur ou moins bon ?
- Sommes-nous préparés à réellement faire face à des situations très dégradées ?
- Etc.

Pour être efficiente, une stratégie de sécurité au cœur d'un État devrait dans l'absolu être constante sur le fond et en perpétuelle évolution sur la forme, afin d'obtenir des résultats probants.

Sur le fond, la sécurité, comme d'autres thématiques d'ailleurs, demande du temps et des moyens adaptés afin de pouvoir en extraire des résultats concluants sur le long terme.

Une telle thématique ne devrait en aucun cas être un sujet politique où ceux qui arrivent au pouvoir, pensant mieux faire que leurs prédécesseurs, écartent d'un revers de manche ce que d'autres ont mis en œuvre. Dans un tel contexte, les seuls à profiter de tels revirements de cap sont les acteurs malveillants. De manière totalement objective, si ces manœuvres étaient efficaces, nous le saurions depuis longtemps.

Sur la forme, le problème est différent. Car pour accroître leur efficacité, les structures de sécurité étatiques (tout comme en entreprise) devraient évoluer de manière permanente en se restructurant afin d'optimiser au maximum leur potentiel, mais aussi en « chamboulant » ce qui doit l'être.

Toutes les questions de sûreté/sécurité ne sont finalement pas si compliquées si l'on sait pourquoi mettre en œuvre telle ou telle mesure. Le vrai problème réside toujours dans le fait de faire des choix, et de préférence les bons.

Nous sommes tous amenés à faire des choix. Ne rien faire en est aussi un.

" MIEUX VAUT PRENDRE
LE CHANGEMENT PAR LA MAIN
AVANT QU'IL NE NOUS
PRENNE PAR LA GORGE "

Winston CHURCHILL

Conclusion

Selon Galien, médecin grec de l'Antiquité, le terme « art » désigne un ensemble de procédés servant à produire un résultat. Et c'est bien de cela qu'il s'agit en matière de sûreté/sécurité : produire un résultat.

Contrairement à l'art (artistique), les mesures de sûreté ne cherchent pas à plaire, à choquer, à interpeller ou à être populaires ou impopulaires, mais uniquement à produire un résultat efficace face à des risques et des menaces qui sont toujours un peu plus protéiformes. Cette efficacité ne peut être trouvée qu'en étant extrêmement méthodique, pédagogue mais aussi patient, afin de faire naître et croître le fondement même de toute stratégie de sûreté, à savoir une véritable « culture » chez toutes les parties prenantes.

Certains hommes malveillants ont la capacité de devenir de véritables artistes du mal au travers de leur détermination, leurs modus operandi et leur machiavélisme. Ce type de profil peut être extrêmement déstabilisant, car il supplantera, notre logique et notamment la relation que nous pouvons entretenir avec le bien et le mal.

Dans une société où nous sommes conditionnés à penser que nous devons maîtriser beaucoup les aspects de notre vie (image, travail, famille, etc.), il y en a une chose que nous ne maîtrisons pas : notre sécurité.

Face à un tel constat, nous avons développé une aversion bien naturelle pour l'insécurité. Nous acceptons tous que notre sécurité soit du seul ressort de l'État et de notre employeur, et cela même si nous pouvons être de tout petits contributeurs en mettant une alarme à notre domicile ou en prenant des cours de self défense.

Ne « contrôlant » globalement pas notre sécurité sur le fond et la forme, nous sommes devenus par la « force » des choses intransigeants vis-à-vis de ceux qui ont la charge de nous protéger. Le temps où nous étions des « chasseurs-cueilleurs » et où nous pouvions/devions assurer en toutes circonstances et de manière préventive ou réactive notre propre sécurité et celle de notre environnement direct est bel et bien révolu.

La possible matérialisation d'une agression, quelles qu'en soient sa forme et son intensité, constitue aujourd'hui ce gros grain de sable qui peut surgir à tout moment et gripper le cours de notre vie, sans pour autant que nous ayons pris un risque. Du fait de notre quotidien et des informations qui nous parviennent, nous développons et entretenons un sentiment d'insécurité qui ne cesse de grandir. Nous évitons alors certaines zones, nous prenons les transports en commun en étant vigilants et certains se rendent à leur travail la peur au ventre craignant de se faire agresser verbalement ou physiquement.

Face à ce sentiment d'insécurité, les États et les entreprises prennent des mesures afin d'en endiguer l'augmentation avec des résultats qui peuvent être très discutables. Dans un tel contexte, nombre de citoyens et salariés espèrent tout simplement que le pire ne frappera pas à leur porte.

Hélas, il y aura toujours des personnes cherchant à accaparer les biens d'autrui, des individus violents sans aucune raison apparente, d'autres agissant par défi face à une société qu'ils voient comme profondément injuste. D'autres encore pensant que la violence n'est rien comparativement aux changements de fond qu'elle pourrait entraîner. Dans ce dernier cas, les victimes se nommeront « dommages collatéraux » ou plus simplement « victimes innocentes ».

Dans une société qui se fracture tous les jours davantage, il n'y a pour l'instant aucune lueur d'espoir laissant penser que cette violence ne poursuivra pas sa route vers des sommets que peu ne soupçonne aujourd'hui. Ne voyez pas dans un tel constat du pessimisme ou de la noirceur, mais uniquement une réalité des plus cruelles.

De plus, l'homme malveillant en s'alliant aux possibilités offertes par les nouvelles technologies prend déjà une nouvelle envergure qui sera sans aucun doute exponentielle dans les années à venir. Il ne fait aujourd'hui plus aucun doute que l'homme du XXIe siècle incarnera les nouveaux centaures, dont certains auront des aspirations bien sombres.

La malveillance est sourde et aveugle et restera une composante de notre réalité, que l'on vive en France, à Singapour, aux États-Unis, ou au Tibet.

Rien ne peut justifier la violence, quelles qu'en soient sa forme et son intensité. Rien ne peut justifier que des innocents perdent la vie pour une cause dont ils ne sont pas partie prenante. Rien ne justifie que des tiers défient ou rançonnent des personnes morales ou physiques. Rien ne peut justifier la violence inouïe dont sont victimes quotidiennement ceux dont le seul tort est de ne pas vivre dans le « bon pays » ou le « bon quartier ».

Rien ne justifie que des États et des entreprises ne déploient pas tous les moyens pour protéger leur bien le plus précieux que sont leurs concitoyens et leurs salariés.

Les questions budgétaires ne peuvent être que secondaires pour lutter efficacement contre ce que nous pouvons qualifier de fléau qui pollue le quotidien de celles et ceux qui ne demandent rien d'autre que de vivre en toute sécurité.

Trouver le « Graal sécuritaire », ou pour le moins s'en approcher, réclame une méthode qui ne peut pas être gravée dans le marbre, mais aussi et surtout une volonté sans faille de se lancer dans une destruction créatrice d'espoir.

Un art, quel qu'il soit, est toujours le fruit de l'homme, au même titre que l'acte malveillant. Un art prend forme au travers de combinaisons de matériaux, de supports, de textures ou encore de sensations savamment orchestrées. Un art a pour finalité d'éveiller les sens pour procurer du bien-être au travers des émotions que l'œuvre produit. Si les composantes de l'art de la sûreté ne sont pas les mêmes, l'esprit, lui, doit être identique.

Contrairement à l'art de la guerre qui a pour but de terrasser un ennemi, l'art de la sûreté a pour objectif de protéger celles et ceux qui ne sont que des victimes de toutes ces « guerres ». Ces victimes se nomment citoyen, salarié, cadre, fonctionnaire, retraité, petites et grandes entreprises, policier, médecin, infirmier, adolescent, étudiant, musicien…, leur seul point commun étant celui d'être des victimes d'une violence physique et/ou psychologique qui n'est plus supportable.

Trouver de la sérénité et de la quiétude a un prix. Et ce prix ne repose que sur les niveaux de conscience et de volonté de celles et ceux qui sont en mesure d'impulser des stratégies afin de protéger les personnes et les biens dont ils ont la charge.

Remerciements

L'écriture d'un tel ouvrage implique bien naturellement des remerciements puisque, sans les personnes citées ci-dessous, je n'aurais pas pu avoir une vie professionnelle aussi riche.

Merci à Latif BENHAMIDA, Éric BLONDEL, Bruno RIPEAUX, Thierry SIMÉON, Laurent TRÉMAUVILLE, Africa, Dany, Kitty et tous les autres d'avoir accompagné mes premiers pas dans le monde des nuits parisiennes. Un merci tout particulier à feu Thierry HUET.

Merci à feu Jean-Marc BERGER de m'avoir donné ma chance alors que j'étais si jeune pour diriger des établissements de nuit.

Merci à Alain-Pierre LACLOTTE de m'avoir mis le pied à l'étrier.

Merci à Alain BAUER pour sa confiance et sa bienveillance lors de mes débuts dans le secteur du conseil en sûreté.

Merci à feu Philippe JAFFRÉ de m'avoir accordé toute sa confiance.

Merci à Jean-Michel BARCELO pour son amitié et à toute l'équipe Elf pour m'avoir accompagné dans une incroyable aventure.

Merci à Marie-Christine LOMBARD et Éric JACQUEMET qui m'ont permis chez TNT Express France de voir se matérialiser mes visions en matière de sûreté en me donnant la possibilité de créer l'une des plus importantes directions de la sûreté de France et, bien entendu, un grand merci à mes collaboratrices et collaborateurs qui ont toujours su « garder le cap ».

Merci à François BARET qui m'a permis d'élargir un peu plus mes champs de compétences.

Merci à tous mes associés pour leurs conseils avisés et à Laurent VICTOR pour son professionnalisme.

| Remerciements

Merci à celles et ceux que j'ai rencontrés furtivement, mais qui m'ont fait grandir, parfois sans même le savoir.

Merci à mes relecteurs : Laurent DUMONT, Kevin GRANVILLE, Fanny GRAVIER, Valéry-Anne GUISARD, Hélène MARTIN-TEILLARD, Stéphanie MIGLIERINA, Aymeric SUCHET, Laurent VICTOR.

Merci à tous ceux qui ne sont plus là et qui me manquent tous les jours.

Notre vie professionnelle se construit au travers de rencontres et j'ai eu la joie de croiser le chemin de personnes plus incroyables les unes que les autres.

Achevé d'imprimé en France
par FOT Imprimeurs
en septembre 2019
ISBN 978-2-9569653-0-5
Dépôt légal : Septembre 2019
Tous droits réservés
Création, maquette : Agence Iroquoise

Éditions Haxx
33 rue de la République 69002 Lyon
Éditions Haxx est une marque de la société HAXXOM